中等职业教育烹饪专业教材

餐饮服务综合实训

主　编　关　华　王　潞
副主编　朱　玉　车　霞　潘　芙
参　编　宋慷春　孟晓娟　申永奇
　　　　张　斌　韩雪松　陈　宇

重庆大学出版社

内容提要

本书以初级、中级餐厅服务员技能考核标准为指导,从餐饮工作人员的专业技术实践能力和实际工作需要出发,对餐饮服务工作必须具备的知识、技能、态度、能力等方面进行详细介绍,全面呈现了餐饮服务综合实训的内容和特征。本书分为2个单元,第1单元为餐饮服务人员基本素养训练,主要介绍餐饮服务人员职业道德、礼仪规范、业务知识和能力以及健康的身心素质;第2单元为基本技能训练,包括托盘、餐巾折花、摆台、斟酒、点菜与上菜、分菜6个实训主题,任务明确,标准清晰,图文并茂,贴近实际。

本书既可作为职业技术学校专业教材,也可作为企业培训教材。

图书在版编目(CIP)数据

餐饮服务综合实训 / 关华,王潞主编. -- 重庆:
重庆大学出版社,2018.5
中等职业教育烹饪专业教材
ISBN 978-7-5689-0982-2

Ⅰ.①餐… Ⅱ.①关… ②王… Ⅲ.①饮食业－商业

服务－中等专业学校－教材 Ⅳ.①F719.3

中国版本图书馆CIP数据核字(2018)第002610号

中等职业教育烹饪专业教材
餐饮服务综合实训
主编 关 华 王 潞
责任编辑:沈 静 版式设计:程 晨
责任校对:张红梅 责任印制:张 策
*
重庆大学出版社出版发行
出版人:易树平
社址:重庆市沙坪坝区大学城西路21号
邮编:401331
电话:(023)88617190 88617185(中小学)
传真:(023)88617186 88617166
网址:http://www.cqup.com.cn
邮箱:fxk@cqup.com.cn(营销中心)
全国新华书店经销
重庆巍承印务有限公司印刷
*
开本:787mm×1092mm 1/16 印张:8.5 字数:167千
2019年5月第1版 2019年5月第1次印刷
印数:1—3 000
ISBN 978-7-5689-0982-2 定价:45.00元

前　言

当前，我国职业教育的发展是以提高质量、促进就业和服务发展为导向，强调专业设置与产业需求对接，课程内容与职业标准对接，教学过程与生产过程对接，培养社会发展急需的高素质人才。为此，职业教育必须强化课堂学习与实习实训相结合的教育教学活动，积极推进人才培养模式创新。本着这样的目的，我们组织编写了《餐饮服务综合实训》一书。

本书的编写着重体现以下特点：

1. 针对性。针对餐饮行业发展的需要和餐饮职业岗位实际，以任务为导向，梳理岗位必需的知识、能力、素质作为教材的内容。同时，教材的编写以"必要、够用"为原则，淡化理论，降低难度，着重考虑所呈现的知识点是否实用，学生能否接受。

2. 操作性。注重理论联系实际，重视实践能力的培养，提倡理论与实践一体化的教学模式，认真践行"做中教，做中学"，体现理论与实践的融合统一。为此，本书精心设计了"技能训练目标""理论知识点""技能训练步骤"和"想想、练练"等模块。

3. 实用性。教材内容以餐饮行业工作的需要为核心，以酒店餐饮职业活动的工作过程为导向，以岗位分析为依据，以岗位实际工作任务为引领，紧密结合餐饮行业工作中的实际，根据餐饮行业的具体工作方式设计编排内容，内容翔实，要点突出，条理清晰，充分体现岗位能力的培养以及学生未来可持续发展能力的形成，以便满足学生职业生涯发展的需要。

本书由关华、王潞任主编，朱玉、车霞、潘芙任副主编，宋慷春、孟晓娟、申永奇、张斌、韩雪松、陈宇参与编写。本书在编写过程中，得到了所在学校领导和同事们的大力支持和帮助，在此诚表谢意！

由于编者水平有限，书中疏漏和不足之处在所难免，恳请专家和读者批评指正。

编　者

2018 年 5 月

目录

第 *1* 单元

餐饮服务人员基本素养训练

主题 1 餐饮服务人员职业道德

素养训练目标

通过学习和训练，使学生真正领会餐饮服务人员职业道德的内涵，在实际工作中能够灵活运用，落实在行动中，逐步形成餐饮服务人员的基本素养。

理论知识点

职业道德是指人们在职业生活中应遵循的基本道德，即一般社会道德在职业生活中的具体体现，是职业品德、道德准则、道德情操、职业纪律、专业胜任能力及职业责任等的总称。它既是本职人员在职业活动中的行为标准和要求，又是职业对社会所负的道德责任与义务。它属于自律范围，通过公约、守则等对职业生活中的某些方面加以规范。

餐饮服务人员职业道德是职业道德的一种形式，它是在餐饮服务人员的劳动过程中产生和发展起来的，是餐饮服务人员处理和调节服务活动中人与人之间关系的特殊道德要求。

1.1.1 服务人员职业道德的主要内容

1）热情友好，宾客至上

餐饮服务部门是直接面对客人的经营部门，其服务态度的好坏直接影响餐厅的服务质量。热情友好是餐厅真诚欢迎顾客的直接体现，是服务人员爱岗敬业、精技乐业的直接反映。如图 1-1—图 1-3 所示，其具体要求是：

①谦虚谨慎，尊重顾客。
②热情友好，态度谦恭。
③乐于助人，牢记宗旨。
④遵循道德，规范行为。

图 1-1

图 1-2

图 1-3

2）真诚公道，信誉第一

诚实守信是经营活动的第一要素，是餐饮服务人员首要的行为准则。它是调节顾客与餐厅之间、顾客与餐饮服务人员之间和谐关系的杠杆。只有兼顾酒店利益、顾客利益和服务人员利益三者之间的关系，才能获得顾客的信赖。其具体要求是：

①广告宣传，真实有效。

②信守承诺，履行职责。

③童叟无欺，合理收费。

④诚实可靠，拾金不昧。

⑤坚持原则，实事求是。

⑥规范服务，有错必纠。

3）文明礼貌，优质服务

文明礼貌、优质服务是餐饮行业主要的道德规范和业务要求，是餐厅服务人员职业道德一个显著的特点。其具体要求是：

①仪表整洁，举止大方。

②微笑服务，礼貌待客。

③环境优美，设施完好。

④尽职尽责，服务周到。

⑤语言得体，谈吐高雅。

⑥遵循礼仪，快捷稳妥。

4）安全卫生，出品优良

安全卫生是餐厅提供服务的基本要求，必须本着对顾客高度负责的态度，认真做好安全防范工作，杜绝食品卫生隐患，保证顾客的人身安全。同时，良好的出品质量是为顾客提供优质服务的前提和基础，也是对服务人员职业道德的基本要求。

①重视安全，杜绝隐患。

②讲究卫生，以洁为先。

③把握质量，出品优良。

5）团结协作，顾全大局

团结协作、顾全大局是餐厅经营管理成功的重要保证，是处理同事之间、岗位之间、部门之间、上下级之间以及局部利益与整体利益之间、眼前利益与长远利益之间相互关系的行为准则。其具体要求是：

①团结友爱，相互尊重。

②密切配合，互相支持。

③学习先进，互相帮助。

④发扬风格，互敬互让。

6）遵纪守法，廉洁奉公

遵纪守法、廉洁奉公是餐饮服务人员正确处理个人与国家、个人与集体关系的行为准则。这既是国家法律法规的强制要求，又是职业道德规范的要求。其具体要求是：

①遵纪守法，身践力行。

②恪守职责，按规行事。

③弘扬正气，抵制歪风。

④团队为上，勇于奉献。

⑤维护国格，珍惜声誉。

7）培智精技，学而不厌

提高自身素质、业务技能，是餐饮服务人员的基本规范之一，是服务员搞好本职工作的关键。其具体要求是：

①树立目标，真抓实干。

②坚定意志，强化理想。

③找准定位，勤学苦练。

8）平等待客，一视同仁

满足顾客受欢迎、受重视、被理解的需求是餐厅优质服务的基础。因此，要求每位员工对顾客必须以礼相待，绝不能因为社会地位的高低和经济收入的差异而让客人得到不平等的接待和服务，要坚决摒弃"衣帽取人，看客下菜"的陈规陋习。以平等待客、一视同仁作为服务人员的道德规范，就是尊重客人的人格和愿望，主动热情地满足客人的合理要求，使客人处在舒心悦目、平等友好的氛围中。其具体要求是：

①对贵宾与普宾一样。

②对内宾与外宾一样。

③对华侨与外宾一样。

④对东西方宾客一样。

⑤对新客与常客一样。

⑥对不同肤色的客人一样。

在一视同仁的前提下，要做到6个照顾：

①照顾先来的客人。

②照顾外宾、华侨以及中国港澳台地区的客人。

③照顾贵宾与高消费的客人。

④照顾常住客人与老客人。

⑤照顾少数民族客人。

⑥照顾妇女儿童和老弱病残客人。

1.1.2　良好职业道德的培养

要培养良好的职业道德，需要从职业认识、职业情感、职业信念、职业行为和职业习惯5个方面着手。也就是在不断提高职业认识的基础上，逐步加深职业感情，磨炼职业意志，进而坚定职业信念，养成良好的职业习惯，形成规范的职业行为，达到具有高尚职业道德的目的。

①提高职业认识，就是按照职业道德的要求，深刻认识自己所从事职业的性质、地位和作用，明确服务对象、操作规程和应达到的目标，认识自己在职业活动中应该承担的责任和义务，提高热爱本职工作的自觉性。

②培养职业感情，就是在热爱本职工作的基础上，从高处着想，低处着手，一点一滴地培养自己对本职工作的感情，不断加深对自身职业的光荣感和责任感。

③磨炼职业意志，就是要求从事职业活动和履行职业职责的服务人员，在对客人提供优质服务的过程中，努力锻炼自己，用坚强的意志去克服和解决各种矛盾，处理好内外的人际关系。

④坚定职业信念，就是要求不同岗位上的服务人员，干一行，爱一行，专一行，在工作中出类拔萃，为实现职业理想而坚持不懈地努力。职业行为和习惯是在职业认识、情感、意志和信念的支配下所采取的行动。经过反复实践，当良好的职业行为成为自觉的行动而习以为常的时候，就形成了职业习惯。

　　以上各个因素之间，是相互联系、相互作用、相互促进的，只有发挥所有职业因素的作用，才能达到具有高尚职业道德的目的。

素养训练步骤

　　1.每组 6 ~ 8 人，以小组形式畅所欲言，展开讨论。

　　2.课前任务驱动，以任务书的形式让学生查找相关案例，课中分析领会。

　　3.逐条牢记，落实掌握。

　　4.组长检查，教师考核评分。

想想、练练

　　1.举例说明餐饮服务人员如何做到"热情友好，宾客至上"。

　　2.举例说明餐饮服务人员如何做到"文明礼貌，优质服务"。

　　3.举例说明餐饮服务人员如何做到"团结协作，顾全大局"。

主题 2　餐饮服务人员礼仪规范

素养训练目标

　　通过学习和训练，使学生掌握餐饮服务人员礼仪规范要求，形成餐饮服务人员的职业本能和习惯。

理论知识点

1.2.1　仪容、仪表

　　餐饮服务人员良好的仪容仪表不仅是树立企业形象的手段，也是企业管理水平与服务质量高低的重要标志。服务人员的一举一动、一言一行直接关系到餐饮服务质量的水平，如图1-4所示。具体要求如下：

图 1-4

　　1）精神面貌

　　表情自然，面带微笑，亲切和蔼，端庄稳重，大方得体，不卑不亢，给人温馨、可信赖的感觉。

　　2）头发

　　服务人员不得留造型怪异的发型，应梳理整齐，保持干净。男服务员头发不可过长，以齐发际为限，前发不遮额，侧发不遮耳，后发不扫衣领，不可留长鬓角。女服务员头发不宜过长，最长齐肩胛骨，长发需盘起或使用发夹。

　　3）面部

　　女服务员要定期做面部护理，当班时面部应以职业淡妆为标准，不宜浓妆艳抹，应保持朴素优雅的外表，给人自然美感。男服务员不得留胡须，要求每日必刮。鼻毛需经常修剪，不可明显露出。

4）手和指甲

指甲不宜过长，要常修剪、清洁，服务前应将手洗干净并消毒。女服务员不可涂指甲油，不宜使用其他装饰品。

5）香水

以淡雅清香为主，切忌使用浓郁刺鼻的香水。

6）装饰品

不佩戴不便于工作（如耳饰、手链等）的饰物，不佩戴戒指等容易藏污纳垢、不利卫生的饰物（结婚戒指除外）。为了使客人得到精神上的满足，因此，在饰物的佩戴上不宜超过客人。

7）服装

冬装、夏装各两套，勤洗勤换。上衣不宜太短，以免弯腰时露出腰带。衬衣要熨平整，特别注意领子、袖口及衣扣处，不能有皱纹，不能破损，颜色最好为白色。不要让汗水、油渍、污渍出现在衬衣上，必须扣好衣扣，不得敞开。穿衬衣时颈部要有装饰，颈不宜外露。主管、领班必须穿黑色西装。女性服务员无论冬、夏都应穿衣裙，不应穿衣裤。

8）鞋袜

鞋袜要每天更换，要经常擦皮鞋以保持鞋面光亮。男性服务员鞋、袜以黑色为宜，不宜穿指定颜色、款式以外的颜色、款式。女性服务员不许光脚，必须穿长筒肉色丝袜，不许穿黑色丝袜，要穿黑色皮鞋或布鞋。

1.2.2 仪 态

仪态是指人在行为中的姿势和风度。姿态是指身体呈现的各种样子。一个人优美的仪态、迷人的风度、高雅的气质，往往来源于本身的内在美。心灵美是仪态美的基础和前提。在人际交往中，一个人的举止、行为、表情，可以在无声中向他人传递一定的信息，所以仪态也被称为人的体态语。美国一位心理学家提出：人类全部的信息表达 =7% 的语言 +38% 的声音 +55% 的体态语。可见，仪态举止是影响人际交往的重要因素。在餐饮服务中，仪态举止相当重要。服务员在宾客前的一举一动，不仅关系到个人的形象，而且直接影响服务质量和餐厅的形象。优美的姿态能给客人悦目、舒适的感觉，不雅的姿态会使客人反感厌恶。俗语说："坐有坐相，站有站相。"姿态不雅就是对客人的不尊重。仪态既包括日常生活的仪态，也包括工作中的举止等。

1）站姿

（1）基本要领

站立服务是餐厅服务员的基本功之一。"站如松"说的是人的站立姿势要像青松一般端庄挺拔。站姿的基本要求是：自然、亲切、稳重，头正肩平，挺胸收腹，双目平视，身体有向上的感觉，下颌微收，嘴微闭，面带微笑。

男士左手握拳，将右手握住左手手背，交叉贴于腹部位置，两脚可分开平行站立，距离略窄于肩宽。女士将右手搭握在左手四指，交叉搭于身前腹部位置，双腿自然并拢，脚跟靠紧，两脚成"V"字形，呈 45°～60°，也可呈左脚或右脚在前的"T"字形，又称"丁字步"。如图 1-5 所示。

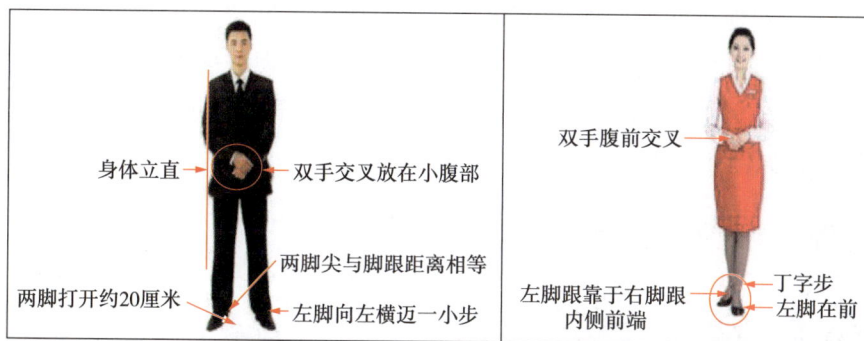

身体立直
双手交叉放在小腹部
两脚尖与脚跟距离相等
两脚打开约20厘米
左脚向左横迈一小步

双手腹前交叉
左脚跟靠于右脚跟内侧前端
丁字步
左脚在前

图 1-5

礼貌的站姿给人以舒展俊美、积极向上的好印象。正确的站姿、站功是餐厅服务人员必备的专业素质。餐厅服务人员上岗时，站姿一定要规范，特别是在隆重、庄重的场合，更要一丝不苟地站好。如图 1-6 所示。

（2）站姿四忌

①忌身体歪斜。站立时，若弯腰驼背、头偏、肩斜、身歪、腿曲，都会破坏线条美。平时应该经常进行站姿训练，练习时，背靠墙站好，使后脑、肩、臀、足跟均能紧贴墙壁。

图 1-6

②忌前伏后靠。在工作中，服务人员不应伏在柜台上，也不应倚墙靠柜，不然会显得懒散和无精打采。

③忌动作过多。在工作时，忌多余的小动作，如摆弄衣服和发辫，玩弄小玩意儿，双脚不停轮换站立，腿脚抖动等，这些行为都是缺乏自信的表现。

④忌手位脚步位不当。双手抱于胸前、叉腰、插袋，双脚步叉开距离过大，歪脚站立等，都是不可取的站姿，显得粗鲁、不雅观。

2）坐姿

（1）基本要领

正确的坐姿要求"坐如钟"，即坐相要像钟一样端正。对员工来说，还要注意坐姿的文雅自如，这是体态美的重要内容。其要求是：坐得端正、稳重、自然、亲切，给人一种舒适感。具体要领是：入座时，轻而缓，走到座位前面转身，右脚后退半步，左脚跟上，然后轻稳地坐下。女性入座时，要用手把裙子向前拢一下。坐下后，上身正直，头正目平，嘴巴微闭，脸带微笑，坐满椅子的2/3。双膝、脚跟自然并拢，双脚正放于椅子前方，女性可侧放，两手相握，放于小腹与大腿之间的位置，如图1-7所示。男性入座后两腿自然弯曲，小腿与地面基本垂直，两脚平落地面，两膝间的距离以松开一拳为宜，坐姿要根据凳面的高低及有无扶手与靠背决定，注意两手、两腿、两脚的正确摆法，如图1-8所示。

图 1-7

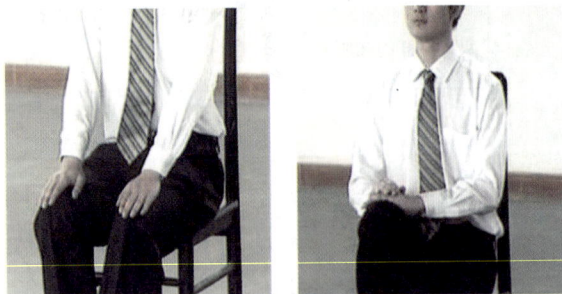

图 1-8

（2）坐姿四忌

①忌落坐有声。入座时，应避免碰撞椅子发出噪声，体现出自身良好的修养。

②忌前趴后仰。入座后，头不应靠在椅背上，上身不趴在前方或两侧，保持上身正直。

③忌手位不当。入座后，不应双手抱臂，不要将肘部支于桌子之上，也不要将双手压在大腿下或将双手夹在大腿中间。

④忌腿脚动作不雅。坐姿中，双腿分开过大、抖脚、跷二郎腿、脚尖朝天、脚踏其他物品等，都是不雅的姿势。

3）走姿

（1）基本要求

走姿要求"行如风"，即走起路来要轻而稳，既要像春风一样轻盈，又要从容稳健，如图1-9所示。走姿的基本要求是：挺起胸，抬起头，两眼平视，步幅和步位要合乎标准。走路不要低头、后仰，切忌双脚呈内八字或外八字。走路要用腰力，具有韵律感。脚尖应对正前方，两脚轨迹为两条紧临的平行线，如图1-10所示。步幅是指跨步时两脚间的距离，标准的步幅是本人的

图 1-9

一脚之长。女性穿裙装或旗袍配高跟鞋时，幅度可略小些，如图1-11所示。

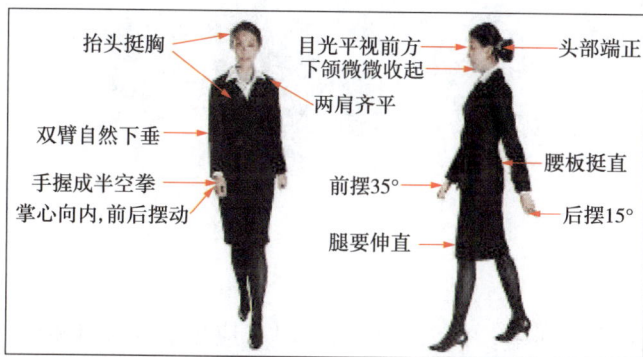

抬头挺胸　目光平视前方　头部端正
下颌微微收起
两肩齐平
双臂自然下垂
手握成半空拳　腰板挺直
掌心向内，前后摆动　前摆35°
后摆15°
腿要伸直

图 1-10

图 1-11

（2）行走三忌

①忌步态不雅。"内八字"脚或"外八字"脚，走路时横向摇摆、蹦蹦跳跳或手插裤袋，都是不雅的姿势。

②忌制造噪声。行走时脚步过重，声音过响，穿钉有金属鞋掌的鞋子行走或拖着脚行走，都会发出令人厌烦的噪声，应该尽量避免。

③忌不守秩序。行走时横冲直撞，与人抢道，阻挡道路等，违反了公共秩序，既妨碍他人行走，也有损自身形象。

4）手势

手势是人们交往时不可缺少的动作，是富有表现力的一种"体态语言"。手势是餐厅服务人员向宾客作介绍、谈话、引路、指示方向等常用的一种形体语言。手势美是一种动态美。得体适度的手势，可增强感情的表达，能在交际和旅游服务中起到锦上添花的作用。餐厅服务人员的手势运用要给人一种含蓄、彬彬有礼、优雅自如的感觉。

（1）基本要求

①介绍某人或为客人指示方向，如图1-12所示，为客人引路如图1-13所示。五指自然并拢，掌心向上，以肘关节为支点，由内向外自然伸开小臂。指明方向后，手应停留片刻，回头确认客人认清后再将手放下，不要随便横挥手臂后就立即放下。注意自然优雅，规范适度。适度是指手势不宜过多，幅度不宜过大。规范就是在服务时手势要正确。

图 1-12

图 1-13

②鼓掌也属于手势范围，如欢迎客人到来、他人发言结束时，应用右手手掌拍左手掌心，但不要过分用力，也不可时间过长。

③在谈到自己时，可用手掌轻按自己的左胸，那样会显得端庄、大方、可信。

（2）手势三忌

①忌手势不敬。掌心向下，攥紧拳头，伸出手指指点，手持物品指示方向等，都是对人不敬的手势，会显得失礼。

②忌手势过多、过度、过大。运用手势应注意适度。与人交往时，手势不宜过多，幅度不宜过大。手舞足蹈，动作夸张，往往会引起别人的反感。

③忌乱用手势。手势语在不同的国家和地区往往有不同的含义，如拇指与食指结成圆环、其他三指伸直的手势，在我国表示"3"或"0"，在欧美国家表示"OK"，在巴西是辱骂他人的动作，在日本表示"钱"，容易给日本客人造成索要小费的误解；如

果"OK"手势中食指与拇指不连接，则表示卫生间"WC"。因此，不懂风俗而乱用手势，容易引起客人的误会和不满。

5）微笑服务

微笑是一种无声的服务语言，是餐饮服务人员敬业、乐业的表现，体现出一种职业素养，应成为餐饮服务人员的职业本能和习惯，同时也是检验服务人员服务质量好坏的重要标准。它具有诱导和得到客人肯定，从而产生良好心境的作用。微笑要贯穿整个服务过程的始终，即体现在餐饮服务的全过程中。

（1）国际微笑的标准

"三米六齿"就是别人在离你三米时可以看到你绝对标准迷人的微笑，嘴角微微上翘时露出六颗牙齿。

（2）微笑的技巧

①保持乐观、稳定的心理素质，不大悲大喜，遇事沉着冷静。上岗后妥善处理工作中的各种问题，忘掉一切烦恼和不快，及时进入角色。

②眼到、口到、心到、神到、情到，做到发自内心，表现谦恭，表现友好，表现真诚，表现适时，切忌表达过度、皮笑肉不笑。

③和客人进行感情交流，有感情地进行服务，微笑才会真实，才会发自内心。

④微笑不是天生的，后天培养很重要，要随时提醒自己保持愉快的心情，空闲时可以对着镜子练习，直到满意、成为习惯为止。

⑤微笑的三结合：与眼睛的结合，与语言的结合，与身体的结合。练习"眼神笑"，如图 1-14 所示。

图 1-14

图 1-15

（3）训练方法

①自然微笑法，试着对镜子发出"E""七""茄子"的声音。

②咬筷子练习嘴形的方法，如图 1-15 所示。

6）优美得体的服务动作和姿态

培养餐厅服务人员优美的服务动作和姿态，是提高服务质量的需要，同时也是餐厅服务人员高雅气质的外在表现，如图1-16所示。因此，餐厅服务人员在工作中要严格遵守以下礼仪规范：

图 1-16

①必须按规定着装上岗，佩戴标志，服装平整，纽扣系齐。不得卷裤脚，不得穿背心、短裤、拖鞋上岗。要容貌整洁，仪容仪表大方端庄。坐、立、走姿势端庄，不得把脚放在桌上或椅上，举止要文雅。

②工作时不准饮酒，不吃葱、蒜等异味食品。在宾客面前不准吸烟，不准吃东西，手不要叉腰，不可修指甲、剔牙、挖鼻、挖耳、搓泥、挠痒、抓头、打嗝、伸懒腰、打喷嚏、打哈欠。如果忍不住打喷嚏，应用手帕掩住口鼻，面向一旁并向宾客致歉。工作前不吃有刺激气味的食品。

③说话轻，走路轻，操作轻，保持餐厅安静。不得串岗、喧哗，不要高声应客，如距离较远，可招手示意。

④需要从低处拿物品或从地上拣物品时，应当走近物品，先蹲后拾。具体要求是：走到物品一侧，单腿下蹲，不弓背，轻松自若地达到目的，展现出优美的体态，显得典雅大方。切勿采取弯上身、翘臀部的不雅姿势。

⑤迎客走在前，送客走在后，遇拐弯或台阶处示意客人。对迎面而来的客人应微笑点头致意，或主动让道，侍立一旁，让客人先行，并说"您好""您请"等礼貌用语，不得抢行或超越客人。

⑥在服务接待中，为了表示对客人的恭敬，在某些场合应保持上身微向前倾的姿势。如与对方握手或者帮客人点菜时，应当保持上身向前倾15°，体现出彬彬有礼、恭敬的服务素质。

⑦宾客走近餐桌，服务员应按先女宾后男宾，先主宾后一般宾客的顺序用双手拉开椅子，招呼宾客入座。宾客在屈膝入座的同时，轻轻推上座椅，使宾客坐好、坐稳。

⑧在服务场所，应当尽可能靠右行走，不能走正中间。与客人相遇时，应主动让路或暂时放下手头工作，微笑点头致意，问候客人，不可与客人抢道或并行。如有急事，应口头致歉后方可超出客人。

⑨为了表现出对对方的恭敬与尊重，应当双手递物，双手接物，两臂夹紧，自然伸出双手。递剪刀、刀子等尖锐物品时，尖部或刃部不应朝向对方，所有物品都要轻拿轻放，并根据当时情况点头示意或道谢。

⑩宾客起身后，服务员应拉开座椅，并提醒宾客不要忘记随身携带的物品。帮助宾客穿大衣、戴帽子，送至餐厅门口与宾客友好话别："再见，欢迎您再次光临。"

素养训练步骤

1. 教师分别进行仪容、仪表、仪态等服务动作以及使用礼貌用语的演示，总结动作要领和注意事项。

2. 每组 6～8 人，以小组为单位逐项练习，组长负责组织，教师检查指导。

3. 以小组为单位进行训练和各项动作展示。

4. 教师组织学员互动讲评，推选榜样学员进行示范。

5. 分组进行巩固训练。

6. 学生组内自测，教师考核评分。

想想、练练

1. 餐厅服务人员仪容仪表要求和练习。

2. 站、坐、行的标准姿态要求和练习。

3. 手势及微笑服务的要求和实训。

4. 语言艺术的注意事项和礼貌用语的使用练习。

5. 餐厅服务人员动作要求和练习。

6. 身体素质及心理素质的要求。

主题3 业务知识和能力

素养训练目标

通过学习和训练，使学生掌握餐饮服务人员应具备的菜肴知识、餐厅卫生、餐厅安全、服务心理、语言能力、应变能力和推销能力等相关的业务知识和能力，以适应实际工作的需要。

理论知识点

1.3.1 业务知识

1）菜肴知识

菜肴是对经过烹调的手工食品的统称，包括菜、点、羹、汤等，习惯称菜品或菜点。菜肴是餐厅经营的主要产品之一。按照惯例，菜肴又分为中式菜肴和西式菜肴。

（1）中式菜肴

①中国菜的分类。中国餐饮文化历史悠久，菜肴在烹饪中有许多流派。鲁、川、苏、粤四大菜系形成历史较早，四大菜系如表1-1所示。中式菜肴又称为中国菜，中国菜肴又称为地方菜、宫廷菜、官府菜、素菜和少数民族菜等。其中，地方菜是中国菜的主要组成部分，它以当地出产的质地优良的烹饪原料为主，采用本地区独特的烹调方法，制作出具有浓厚地方风味的菜肴。中国菜的特点是原料丰富、菜品繁多，选料严谨、因材施艺、刀功精湛、善于调味、技法多样、注重火候、盛器讲究、艺术性强，如图1-17所示。

图 1-17

表1-1 四大菜系

四大菜系	风味构成	菜肴特点	代表名菜
鲁菜	齐鲁、胶辽、孔府风味	咸鲜为主，突出本味，百菜不重，注重火功，精于制汤，善用葱香，丰满实惠，风格大气	红烧大虾、清汤燕菜、油爆双脆、九转大肠、糖醋鲤鱼等
粤菜	广府、客家、潮汕风味	选料广博奇异，品种花样繁多，用量精而细，配料多而巧，装饰美而艳，注重质和味，口味比较清淡，力求清中求鲜，淡中求美	烤乳猪、东江盐焗鸡、潮州牛肉丸、白灼虾、龙虎斗等
川菜	成都、乐山、自贡、南充风味	选料认真，刀工精细，合理搭配，精心烹调，品种丰富，味道多变，适应性强，享有"一菜一格，百菜百味"之美誉	宫保鸡丁、干烧鱼、回锅肉、麻婆豆腐、鱼香肉丝、夫妻肺片、干煸牛肉丝等
苏菜	淮阳、金陵、苏锡、徐海风味	用料广泛，刀工精细，追求本味，清鲜本和，咸甜醇正，善用火候，重视调汤，风味清新，浓而不腻，淡而不薄，色调淡雅，造型新颖	清炖蟹粉狮子头、松鼠鳜鱼、鸡汤煮千丝、清蒸鲥鱼、水晶肴蹄等

②中国菜肴的特点。中国菜的特点在于它丰富的文化内涵。中国菜融合着宗教、文化、民俗风情，反映着悠久的历史文化，体现出中华民族特有的处世哲学，如图1-18所示。

A.选料广泛。我国丰富的物产资源为中式菜肴提供了坚实的物质基础。常用的中式烹饪原材料丰富多彩，时令原料品种众多，稀有原料奇异珍贵。因此，中国菜品繁多。

图 1-18

B.刀工精细。中国菜在加工时特别注意刀法的运用，有批、切、锼、斩等。对原料的成形又分丝、片、块、段、条、茸、末、荔枝花、麦穗花等众多类别。精细的刀法、刀功不仅利于烹调入味，而且提升了成菜的观赏性和艺术性，使菜肴千姿百态，栩栩如生。

C.烹法多样。中国菜的烹调手段有几十种之多，如炒、炸、爆、熘、煎、烧、焖、煮、摊、涮等。比如，爆又可分为酱爆、油爆和莞爆，甜菜烹制还有拔丝、挂霜和蜜汁。

D.调味丰富。中国菜调味用料广泛，以百菜百味、一菜一格为世人所称道。中国菜在烹调过程中能够巧妙地运用不同的调味方法，同等量的调味品在菜肴加热的不同程度加入就会形成不同的口味，使菜肴口味变化无穷。

E.盛器考究。中国菜既包含了精湛的刀功、绝美的口味、优雅的造型、合理的营养，同时又十分重视盛放菜肴的器皿。美食与美器相得益彰是中国菜自古以来锲而不舍的追求。中国菜雅致、完美和强烈的风格，给人以文化熏陶和艺术享受。

F.营养搭配。中国菜注重配菜，强调营养平衡。中国人讲究"医食同源""药补不如食补"，很多烹饪原料也是中药材，如人参、山药，人们可以通过饮食达到养生保健的目的。

图 1-19

③中式烹饪的烹调方法。烹调是通过加热和调制，将加工、切配好的烹饪原料熟制成菜肴的操作过程，其包含两个主要内容：一个是烹，另一个是调。烹就是加热，通过加热的方法将烹饪原料制成菜肴；调就是调味，通过调制，使菜肴滋味可口，色泽诱人，形态美观。如图1-19所示。

A.炒。炒是指锅内放油，油烧熟，下生料炒熟。一般用旺火快炒，以减少菜的维生素损失，具有滑、嫩、脆、鲜的特点。

B.熘。熘是主料经油炸或滑油后融入芡汁，快速翻拌成菜的方法。熘菜具有香脆、鲜嫩、滑软等特点。熘菜需两步完成。第一步先将挂糊或上浆原料用中等油温炸过。第二步将芡汁调料等放入锅内，倒入炸好的原料，颠翻出锅。一般在第二步熘炒时宜用旺火，快速翻炒出锅。常见菜肴有"焦熘肉片""醋熘白菜"。

C.焖。焖是把主料过油后炸至半熟，再加汤，用文火焖至熟烂的烹制方法。其特点是软烂不腻，如"黄焖鸡块""油焖大虾"。

D.氽。氽是用生料加工调味后，放开水锅中煮熟的方法。氽菜简单易做，重在调味。一般用鸡汤、骨肉汤，同时加入配料增味。其特点是清淡、爽口，有菜有汤，适宜冬季食用，如"氽丸子"。

E.蒸。蒸是将生料或半熟原料，加调料调味后上笼屉蒸熟的方法。蒸分为清蒸、干蒸和粉蒸。其特点是原汁原味，形状完整，质地鲜嫩，如"清蒸鸡块""米粉肉"。

F.炸。炸是将主料挂糊或不挂糊下热油锅，由生炸熟的方法。其特点是外焦里嫩，如"干炸里脊""软炸虾仁"等。

G.酥。酥是先将原料下锅煮熟或蒸熟再用油炸至香酥的方法。其特点是外焦脆，里嫩软，鲜香可口，如"香酥鸡""香酥肉"。

H.烩。烩是将原料油炸或煮熟后改刀，放入锅内加辅料、调料、高汤烩制的方法。其特点是香嫩、鲜。烩制方法简单，要注意火候，一般用中火使汤收浓，常见有"烩三鲜""烩鸡丝"。

I.扒。扒是将锅底加油烧熟，炒锅加汤，放入主料及调料，用文火扒烂，勾芡收汁的烹制方法。其特点是鲜软、汁浓、易消化，如"扒三鲜"等。

J.炖。先将主料切一块煸炒，再兑入汤汁，用文火慢煮的烹制方法。其特点是有汤有菜，菜软烂，汤清香，如"清炖鸡"。

K.爆。爆是用旺火热油，原料下锅后快速操作。要求刀工处理粗细一致，烹前备好调味品，动作要麻利、迅速，如"葱爆羊肉""酱爆鸡丁"等。

L.烧。烧是先将主料用油炸过或用火焯过，再加上辅料，兑入汤汁煨至熟烂的方法。其特点是汁浓、汤少，菜质软烂，色泽美观，如"红烧海参""干烧鱼"等。

M.砂锅。将原料加工后，装入砂锅中，调入作料、配料，用文火慢慢煨炖至熟烂，营养丰富，如"砂锅豆腐""砂锅鸡"等。

N.拔丝。拔丝是将糖加沙（或油）熬成糖棉后挂上主料的方法。拔丝菜要有丝，有口味香、甜腻的特点，属技术菜。制作重点是要掌握炒糖稀，老了发黑不行，嫩了色泽浅拔不起丝也不行。同时，要掌握火候，操作要快，如"拔丝菜果""拔丝山药"等。

（2）西式菜肴

西式菜肴是根据西方国家饮食习惯烹制出的菜点。西餐是对欧美各国菜点的统称，其中，以法式、俄式、意式、英式、美式菜肴的烹调最为著名。

①西餐概述。西餐，顾名思义是西方国家的餐食，如图1-20所示。西餐的准确称呼应为欧洲美食，或欧式餐饮，其菜式料理与中国菜不同，一般使用橄榄油、黄油、亨氏番茄酱、沙拉酱等调味料。不同的主食，相同的都是搭配一些蔬

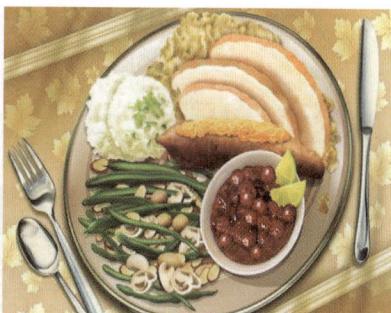

图 1-20

菜，如番茄、西兰花等。"西餐"这个词是由于其特定的地理位置决定的。"西"是西方的意思，一般指欧洲各国；"餐"就是饮食菜肴。东方人通常所说的西餐主要包括西欧国家的饮食菜肴，当然还包括东欧各国、地中海沿岸等国和拉丁美洲等国的菜肴。而东南亚各国的菜肴一般统称为东南亚菜。也有独为一种菜系的，如印度菜。西餐一般以刀叉为餐具，以面包为主食，多以长形桌台为台形。西餐的主要特点是主料突出，

形色美观，口味鲜美，营养丰富，供应方便。正规西菜应包括餐汤、前菜、主菜、餐后甜品及饮品。西餐大致可分为法式、英式、意式、俄式、美式、地中海式等多种不同风格的菜肴。我国改革开放之初，只有在星级酒店才有正规的西餐厅。因为数量稀少、价格昂贵，所以，能到星级酒店享用西餐曾被视为一种身份的象征。但是，随着改革开放的深入和人们消费水平的提高，西餐的本土化与大众化已经成为一种必然的趋势。

②欧美主要国家的菜式特点如表 1-2 所示。

表 1-2　欧美主要国家的菜式特点

主要菜式	菜式特点	代表菜品
法式菜	选料广泛，品种繁多，注重调味，用料新鲜，讲究搭配，注重沙司的制作，大都以地名、人名、物名来命名	鹅肝酱、法式洋葱汤、巴黎龙虾、法式蜗牛、巴黎土豆等
英式菜	烹调讲究菜品鲜嫩，口味清淡，选料注重海鲜及各式蔬菜，菜量要求少而精。调料很少用酒、香料及其他调味酱，喜欢用各种蔬菜代替所缺乏的食品	爱尔兰烩羊肉、西冷牛排、英式各色铁扒、鸡丁沙拉等
美式菜	讲究营养搭配，原汁原味，清淡不腻，要求量少而精，咸中带甜，略微酸甜，爱用水果做菜，讲究铁扒和色拉类菜肴的制作	华道夫色拉、橙味烤野鸭、苹果烤鸭、美式什锦铁扒、丁香火腿、华盛顿奶油汤等
俄式菜	口味偏咸、偏辣、偏酸、偏甜，口味重，油腻，擅用各式调料，烹调方法以烤、熏腌为主	什锦冷盘、鱼子酱、黄油鸡卷、罗宋汤、莫斯科蔬菜色拉、乌克兰羊肉饭、哈萨克手抓羊肉等
意式菜	原汁原味、香醇味浓，烹调方法以红烩、红焖和炒较多。爱甜酸，不爱油腻，不食动物内脏、肥肉和奇形怪状的动物及软体动物，用米、面做菜	意大利牛腱子饭、米兰猪排、意大利通心粉、罗马魔鬼鸡、佛罗伦萨烤牛排等

图 1-21

③西式烹饪的烹调方法，如图 1-21 所示。

A. 铁扒。以金属直接传热使原料成熟的烹调方法。

B. 烤。利用辐射热能使原料成熟的烹调方法。

C. 焖。过油着色后的原料放在焖锅内，加沸水、调味品，先大火后小火加热使原料成熟的烹调方法。

D.烩。加工成不同形状的原料先过油或汆水，再加沙司，先旺火后小火使原料成熟的烹调方法。

E.煮。将原料放入清水或汤中，用旺火烧开，以小火煮制使原料成熟。

F.炸。用多油，旺火或中小火使原料成熟的烹调方法。

G.煎。用少油，运用多种火力（多中火）使原料成熟的烹调方法。

H.炒。以少油旺火快速翻拌使原料成熟的烹调方法。

I.汆。与煮相似，沸水下料，快速成熟的烹调方法。

J.焗。经加工切配，调好味的原料加入沙司、蔬菜或较湿的原料再烤制使之成熟的烹调方法。

2）食品营养知识

民以食为天。食物营养与健康是关系到每一个人的大事，不管你学什么专业，从事什么职业。作为餐饮服务人员，更应该懂得食品营养的知识。

营养，从字义上讲，"营"的含义是"谋求"，"养"的含义是"养生"，"营养"就是"谋求养生"。用现代科学的语言具体地描述"营养"：营养是机体摄取食物，经过消化、吸收、代谢和排泄，利用食物中的营养素和其他对身体有益的成分构建组织器官，调节各种生理功能，维持正常生长、发育和防病保健的过程。

营养的定义：从食物中可以获取的、身体必需的生物素叫作营养。不同时代人体对营养的需求是不一样的。在物质匮乏的时候，蛋白质、脂肪、糖类是人体最缺少的，因此，这些就是最好的营养。在现代，蛋白质、脂肪、糖类在人体中严重超标，人体现在最缺乏的是维生素、矿物质、纤维素等成分。

（1）营养素

营养素是指食物中可给人体提供能量、机体构成成分、组织修复以及生理调节功能的化学成分。凡是能维持人体健康以及提供生长、发育和劳动所需要的各种物质均称为营养素。现代医学研究表明，人体所需的营养素不下百种，其中一些可由自身合成、制造。无法自身合成、制造，必须由外界摄取的营养素有 40 余种。细分后，可概括为七大营养素，分别为蛋白质、脂肪、糖、无机盐（矿物质）、维生素、水和纤维素，如图 1-22 所示。营养素的主要食物来源及功效见表 1-3。

图 1-22

表 1-3　营养素的主要食物来源及功效

营养素	主要食物来源	功　效
水	每天 8 杯（2 千克）	参与消化、吸收、循环、排泄和水溶性维生素利用
蛋白质	谷类、豆类、肉类、奶类、蛋类、薯类	身体结构的主要成分，生命活动的催化剂，调节体内水分平衡，促进伤口愈合
脂类	菜籽、花生、大豆、芝麻、玉米、棉籽、核桃和其他果仁，以及胚芽、米糠、猪油、牛油、羊油、鱼油、奶油、蛋黄油、禽类油等	贮存和供给能量，构成身体组织，维持身体组织，维持体温，保护脏器，促进脂溶性维生素的吸收，供给必需脂肪酸
碳水化合物	谷类、豆类、薯类、根茎类、蜂蜜、蔬菜、水果	贮存和供给热量，构成身体组织，维持身体组织，维持体温，保护脏器，促进脂溶性维生素的吸收，供给必需脂肪酸
β-胡萝卜素	南瓜、马铃薯、菠菜、胡萝卜等	为脂溶性抗氧化剂，是胡萝卜素家族中的一员，体内必需脂肪酸
维生素 A	动物肝脏、鱼肝油、鱼卵、牛奶、胡萝卜、禽蛋等	增强免疫力，保护皮肤，保证眼睛的暗视力，促进身体的生长发育
维生素 C	红辣椒、石榴、草莓、白菜、西红柿、哈密瓜、芒果、橙子、菠菜、木瓜、大豆	消除紧张情绪，修复伤口，维持牙龈健康，增强免疫力，防御疾病
维生素 D	鱼肝油、乳制品、蛋类	调节钙、磷吸收，促进牙齿、骨骼发育，防止肌肉老化，预防骨质疏松
维生素 E	小麦胚芽、坚果、植物油、虾	预防感冒，清洁血液，延缓衰老，滋润肌肤
维生素 K	蔬菜、奶、肉类、水果及谷类	预防内出血和痔疮，提高儿童抵抗力，延年益寿
维生素 B_1	肉类、鱼、奶类、豆类、玉米、坚果类	促进血液循环，促进碳水化合物代谢以及盐酸生成，优化认知能力和大脑
维生素 B_2	奶酪、蛋黄、鱼、豆类、猪肉、牛奶、家禽、菠菜和未脱皮的小麦	减轻眼睛疲劳，有助于预防和治疗白内障，帮助营养代谢
维生素 B_3	牛肝脏、酵母、椰菜、胡萝卜、奶酪玉米粉	维持正常血液循环、营养代谢，有助于神经系统维持功能

续表

营养素	主要食物来源	功　效
维生素 B₅（泛酸）	牛肉、酵母、鸡蛋、新鲜蔬菜、肾脏、肝脏、龙虾、豆类	能够减压，增强抵抗力，维持中枢神经系统正常工作
维生素 B₆	酵母、胡萝卜、肌肉、鸡蛋、鱼肉、猪肉、豌豆、菠菜、葵花籽	缓解水肿，维持钠盐平衡，促进血红蛋白生成
维生素 B₁₂	肉类、酵母、哈肉、鸡蛋、肝脏、肾脏、青鱼、牛奶	预防贫血，保护心脑血管与心脏，促进神经系统生长，保护神经系统
叶酸	甘蓝、菠菜、绿甜菜、橙子、蔬菜根	DNA 合成，细胞分离，胎儿神经系统发育
钙	虾皮、豆类、奶类、蛋黄、骨头、深绿色蔬菜、米糠、麦麸、芝麻、花生、海带、紫菜等	形成坚固的骨骼和牙齿，刺激伤后血液的凝固
磷	粗粮、黄豆、蚕豆、花生、土豆、硬果类、肉、蛋、鱼、虾、奶类、肝脏等	形成骨骼和牙齿，调节食物中能量的释放，是人体遗传物质 DNA 的构成成分，是人体能量直接来源 ATP 的构成成分
镁	坚果、豆类、全谷类、深绿色蔬菜、海产品	正常神经肌肉（含心肌）活动之所需，参与能量（ATP）代谢和 DNA 的合成
铁	肝脏中含铁最丰富，其次为血、心、肝、肾、木耳、瘦肉、蛋、绿叶菜、小白菜、芝麻、豆类、海带、紫菜、杏、桃、李等，谷类也含有一定量的铁质	血红蛋白（血液中氧气的运输者）的基本成分，参与能量代谢。缺铁性贫血是世界性的健康问题，常见于儿童、青少年、孕妇、老人
锌	海带、奶类、蛋类、牡蛎、大豆、茄子、扁豆等	参与蛋白质的消化、合成，参与伤口愈合、骨骼生长、DNA 的合成，调节免疫功能
铜	牡蛎、内脏、巧克力、坚果、谷类、干果、禽类、贝类	参与铁代谢、神经系统功能、骨骼健康的调节和蛋白质的合成，是一种抗氧化酶的成分，参与皮肤、头发、眼睛等部位色素的形成
碘	海产品，如贝类、鱼类、海洋植物	甲状腺素的成分，调节生长、发育和能量代谢
锰	全谷类、坚果、茶叶	促进骨骼、结缔组织生长，参与碳水化合物的代谢

（2）合理的营养搭配

都说常吃五谷杂粮会健康，因为各种食物都有其特定的营养元素，只要不偏食，就能均衡地摄取营养。其实，如果在膳食中注意将含有不同营养特点的各种食物巧妙搭配，不仅有利于人体很好地吸收其营养成分，使营养价值成倍增加，而且可以减少其中的副作用，对人体健康更为有利，如图1-23所示。合理的膳食营养，应从以下3个方面着手：

①合理的膳食调配。没有一种食物能提供我们身体所需的全部营养物质，关键在于调配多种不同食物，组成合理膳食以提供机体所需的多种营养素。

图 1-23

②合理的膳食制度。所谓膳食制度，是指把全天的食物定质、定量、定时分配。在一天内的不同时间，人体所需的营养素的数量不完全相同，人的生理状况也不同。因此，针对人们的不同生活、工作及学习情况，拟订适合各自生理需求的膳食制度是极为重要的。制定膳食制度要注意以下几个方面：

A.用膳的时间应与生活、工作、学习时间相配合。

B.进餐时间不宜过长，也不宜太短，由于一般混合性膳食胃排空时间为4～5小时，因此，三餐间隔以4～5小时为宜。因为大多数人一天的主要活动在上午，所以特别要注意吃早餐，不吃早餐会降低工作、学习效率，损害身体健康。

C.全天多餐食物分配。通常早餐摄入的能量应占全天总能量的25%～30%，午餐占40%，晚餐占30%～35%。

③合理的烹调方式。食物的烹调加工是指使食物美味、可口、易于消化并对食物进行消毒的过程。但是，在食物加工过程中，有些营养素会有不同程度的损失，应尽量减少，如做米饭时尽量减少淘米次数，不要用力搓洗，不要丢弃米汤。油炸面食会破坏面粉中的维生素。蔬菜最好先洗后切，急火快炒，更不要先焯再炒，煮汤时应在水开后下菜，煮的时间不可太长。

（3）膳食指南

膳食指南是根据营养素标准制定的，具有科学性，是健康人群营养计划的基础。可参照营养平衡膳食宝塔，如图 1-24 所示。《中国居民膳食指南》包括以下内容：

营养平衡膳食宝塔

油 25~30克
盐 6克

奶类及奶制品 300克
大豆类及坚果 30~50克

畜禽肉类 50~75克
鱼虾类 50~100克
蛋类 25~50克

蔬菜类 300~500克
水果类 200~400克

谷类薯类及杂豆 250~400克
水1 200毫升

图 1-24

①食物多样、谷物为主。每日膳食必须有多种多样的食物适当搭配，以满足人体对多种营养素的需要。谷类食物是我国传统膳食的主体，是人体能量的主要来源，还可以提供碳水化合物、蛋白质、膳食纤维及 B 族维生素等。应多注意粗细粮搭配。

②多吃蔬菜、水果和薯类。蔬菜、水果和薯类都含有比较丰富的维生素、矿物质及膳食纤维等营养素，对保护心血管、增强抗病力和预防某些癌症具有重要作用。

③常吃奶类、豆类或其制品。奶类含钙量高，是钙和优质蛋白质的重要来源。我国居民普遍缺钙，与膳食中奶类少有关。经常吃奶类可以提高儿童、青少年的骨密度，减缓老人骨质丢失的速度。豆类营养丰富，含优质蛋白、不饱和脂肪酸、钙及 B 族维生素等多种营养物质，既可以改善膳食营养素的供给，又可以避免吃肉类过多的影响。

④经常适量吃鱼、禽、蛋、瘦肉，少吃肥肉和荤油。鱼、禽、蛋及瘦肉是优质蛋白、脂溶性维生素和某些矿物质的重要来源。我国部分城市和绝大多数农村摄入动物性食物量不够，应适当增加摄入量。但部分大城市居民吃肉类太多，对健康不利，应适当减少肉类的摄入量，特别是猪肉、荤油。

⑤食量与体力活动要平衡，保持适宜体重。进食量与体力活动是控制体重的两个主要因素，食量过多，如活动量不足会导致肥胖，反之则会消瘦，而这都不是健康的表现。每一次应保持进食量与能量消耗之间的平衡，使体重维持在适宜的范围内。

⑥吃清淡少盐的膳食。食品不应该太油腻、太咸，少吃油炸、烟熏食物。每人每日食盐用量以不超过 6 克为宜。少吃咸菜、味精等含钠的食物。盐摄入过多会增加患高血压的风险。

⑦如饮酒，应限量。过量饮酒会使食欲下降，发生多种营养素缺乏，增加伤害肝脏、中风等危险。如果要饮酒，可饮少量低度酒。

⑧食清洁、卫生、不变质的食物。应选择外观好、符合卫生要求的食物，进餐时要注意卫生条件，包括环境、餐具和制作者的健康状况。

以上指南适用于健康成人。在此基础上，对婴儿、学龄前儿童、学龄儿童、青少年、孕妇、乳母、老年人几个特定人群还有"不同人群的膳食指南"。

3）餐厅安全知识

安全是餐厅有序生产的前提，是实现餐厅效益的保证。餐厅安全管理是指为避免任何有害于餐厅、客人和员工的事故发生所采取的必要防范措施。安全管理的目的是指在意外事故未发生前，餐厅运用一些制度与管理方法预防意外事故的发生，确保餐厅的财产安全，以及客人与员工的人身安全。因此，从管理者到每一位员工，都必须认识其重要意义并承担维护安全的义务。

（1）防火

火灾是威胁人类安全的重要灾害之一，餐厅是比较容易发生火灾的场所之一。防火是经营中不可忽视的问题。

①造成原因。

A.易燃、可燃材料被大量使用。餐厅大量的内部装饰材料和陈设用具采用木材、塑料和棉、麻、丝、毛及其他纤维制品和化学合成材料，这些材料都是有机可燃物质。一旦发生火灾，这些材料燃烧猛烈，蔓延迅速，形成立体燃烧，大面积受灾，损失惨重。

B.电线短路或电器设备故障，引发的电器火灾。为了追求效益，一些餐厅在原有的基础上增添了空调，购置了卡拉OK设备，开设了舞厅，有些电器线路安装不规范，但又超负荷使用，就会出现问题。

C.大量使用易燃液体和可燃气体做燃料。酒精、液化石油气等易燃可燃液体、气体进入餐厅，使餐厅存在火灾隐患。

D.随意吸烟。餐厅基本上不禁止吸烟，特别是那些综合性餐厅，吸烟危险性更大，极容易发生火灾事故，甚至造成人员伤亡。

E.建筑结构易产生烟囱效应。现代的餐厅大多是高层建筑，通风管道纵横交错，延伸到建筑的各个角落，楼梯井、管道井、电梯井、电缆井、垃圾井等竖井林立，如同一座座大烟囱。一旦发生火灾，火焰沿着竖井和通风管道迅速蔓延扩大，危及整个建筑。

F.缺乏防火常识。在众多经营者头脑中，效益是最重要的，轻视防火安全的现象仍不同程度地存在着，有些还相当严重。有些酒店的服务员甚至连最基本的火灾报警和灭火器材使用常识都不懂，出现火情后自身都难保，根本谈不上救灾灭火。

②灭火方法。物质燃烧必须具备 3 个条件，即可燃物质、助燃物质、火源，一切破坏燃烧条件的方法都能达到灭火的目的。以下几种基本灭火方法可以迅速扑灭初起火灾，有效控制火势蔓延，从而避免小火引起大灾。

A. 隔离法。将着火的地方或物体与周围的可燃物隔离或将其移开，燃烧就会因为缺少可燃物而停止。如关闭电源、可燃气、液体管道阀门，拆除与燃烧物毗邻的易燃建筑物等。

B. 窒息法。阻止空气流入燃烧区或用不燃烧的物质冲淡空气，使燃烧物得不到足够的氧气而熄灭。

C. 冷却法。将灭火剂直接喷射到燃烧物上，以降低燃烧物的温度。当燃烧物的温度降低到该物的燃点以下时，燃烧就停止了。此方法主要用水和二氧化碳来冷却降温。此方法不宜用于电器失火。

D. 抑制法。这种方法是用含氟、溴的化学灭火剂喷向火焰，让灭火剂参与到燃烧反应中去，使燃烧链反应中断，达到灭火的目的。

以上方法可根据实际情况，一种或多种方法并用，以达到迅速灭火的目的。另外，灭火器的使用方法也是每位餐饮服务人员必须熟练掌握的技能，如图 1-25 所示。

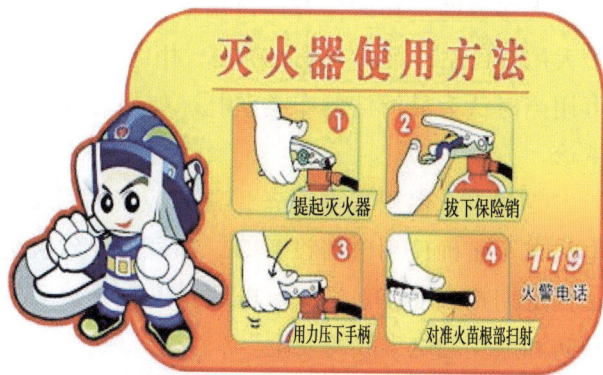

图 1-25

（2）常见意外事故的处理

因为在客人发生的意外事故中，儿童发生事故所占比例最高，所以，儿童安全应引起餐厅工作人员的注意。如果发现儿童乱跑乱跳，应立刻规劝，并告知父母或带领人看管好孩子。餐厅内桌椅、玻璃很多，加上人来人往，儿童很容易发生意外事故。餐厅内应有警示性标语，减少客人发生伤害的可能性，如明示"小心烫伤""小心地滑""请您及小孩下楼时小心"等。容易造成危险的建材及设计方案，在发包工程时就应注意避免，如桌角须磨圆。餐厅内发生的意外事故有很多种，如滑倒、摔倒、扭伤、烫伤、割伤、触电及其他机械伤害、食物中毒、煤气中毒等。

①滑倒及摔倒。不慎踩到地上的汤汁或食物，碰到地上的障碍物及有缺损的桌椅等，都有可能使人滑倒、摔倒。预防此类事故要注意以下几点：

A. 液体溢出，迅速擦干净，保持地板清洁和干燥。

B. 在瓷砖地面上应小心行走，不要跑动。

C. 通道若有障碍物，要及时撤走。

D. 在地面上铺设防滑垫等。

②扭伤。走路时不慎或搬重物时不懂得正确的搬运技巧，都有可能造成扭伤。只要走路时稍加注意，掌握正确的搬运货物技巧，扭伤也是可以避免的。

③烫伤。因为接触加热的物品很容易烫伤，所以，发生烫伤后应及时冷疗，防止创面继续加大，冷疗可减轻疼痛、水肿。其方法是：将烫伤部位浸入冷水中，最好不少于0.5小时。如果烫伤面积很大，则不宜冷疗，应及时去医院就诊。

④割伤。主要是由于使用刀具、电动设备不当或擦拭杯具不当造成的，正确使用刀叉、尖锐的器皿和厨房用具可以防止割伤。

A. 使用刀具时，注意力要集中，方法要正确。

B. 刀具使用后，应妥善放好，切勿留在水里。

C. 刀具是切东西的，不能用来开瓶或代替榔头。

大多数的割伤均伴有创口出血，原则上应及时对创口进行消毒、包扎。如果创口不大用创可贴即可。一般的割伤，用绷带包扎后就可止血，如果找不到绷带或急救包，可用当时认为最清洁的布类包扎。如果有大面积出血，可以用止血带，并及时去医院就诊。

⑤触电。使用机电设备，首先应了解其安全操作规程，接触破损的插座、插头、电线或不正确使用电器设备等，都可能导致触电。要明确掌握使用各种电器设备的方法，定期检查插座、插头、电线、电路开关等，发现破损，应立即请专人修理，可以预防和减少触电事故的发生。

4）餐厅卫生意识

餐厅的卫生工作，关系到餐饮企业的信誉和经营，更关系到客人的身体健康甚至生命安全。从事餐饮工作的人员养成良好的卫生意识和习惯，不仅是工作优良的表现，而且还体现了餐饮工作人员良好的修养和素质。餐厅卫生主要包括餐厅环境卫生，餐具、用具卫生，个人卫生，操作卫生，食品卫生等。

（1）餐厅的环境卫生

餐厅的环境卫生直接反映了餐厅服务人员的精神面貌和文化素养，服务人员应为客人创造一个清洁雅静、美观整洁、空气新鲜的就餐环境。餐厅环境卫生包括的通道、走廊、盥洗室、休息室、工作间等场所的卫生，如地面、墙面、温床、灯具、装饰工艺品、挂画、餐桌椅的卫生等。这些卫生工作，要做到事前准备、事后料理、平日小扫、每周大扫，以保证卫生工作经常化、制度化。餐厅应积极采取有效措施，消灭苍蝇、老鼠、蟑螂、蚊子等。灭虫药和灭鼠药应与食物严格分开，防止污染。

①地面卫生。餐厅的地面无论采用哪一种材料，都应保持清洁，如大理石地面要天天用平面拖把推扫，定期打蜡上光；木质地板要天天用带蜡拖把拖擦，定期上新蜡磨光，地面铺设地毯每天应吸尘 2 ~ 3 次，如发现有污迹，可用地毯清洁剂反复擦拭，直至擦干净。

②墙面卫生。墙面要定期除尘，如果有污迹，要随时清除，以保持墙面清洁、美观。如果墙面挂有字画、装饰品或工艺品，应根据不同材料，采用不同方法定期擦洗。

③门窗卫生。门和窗的玻璃应每周擦拭一次，外露的玻璃在风雨天过后应及时擦洗，保持玻璃的明亮度。

④桌椅及工作台卫生。桌面、椅面每餐须擦净，桌脚、椅脚要定期擦洗，做到无尘、无油、无垢。工作台必须每餐整理，台内餐具、用具要摆放有序，经常更换工作台内的垫布，做到清洁美观，井然有序，使用方便。

⑤盥洗室卫生。盥洗室要有专人勤冲洗，勤打扫，做到无积尘，无异味。

⑥空间卫生。空间卫生是指餐厅内超平面体系结构的卫生。餐厅在营业前，要打开窗户，通风换气，保持空气的清晰，客人经过的地方不准堆放杂物。服务人员的私人用品和清洁用具都应放入固定保管室。

（2）餐具、用具卫生

①餐具、用具卫生主要是指餐厅所用餐具、用具的洗涤、消毒、防治等环节的卫生，这对客人的身体健康有着特殊的意义。

②餐具卫生。餐具卫生要求一刮、二洗、三冲、四消毒，保证餐具无油腻，无污迹，无细菌。

③用具卫生。餐厅服务人员使用的抹布、托盘等用具，应每天清洗、消毒，确保清洁无菌。菜单、收银夹等不能洗涤的用具，应定期用红外线消毒，以防止细菌、病菌的传播。餐桌上用的台号、花瓶或花盆也应定期清洗、擦净。对于装作料的各种容器，应按规定加盖、加罩、防尘、防菌。

（3）操作卫生

因为餐厅服务人员是面对面地、直接地面对客人进行服务的，所以，在服务操作中，保持良好的操作卫生习惯是十分重要的。在操作中，服务人员应该做到：

①走菜、端汤、斟酒，一律用托盘端送，托盘必须洗净、擦干。

②结账收款时，需要用收银盘或收银夹进行。客人所付现金应放入盘中，服务人员用专用镊子点清数目，而不应用手直接接触现金，以防细菌、病菌的传播。

③服务人员拿取餐具和实物时，手要卫生，不能拿取餐具上那些客人触口的部位，

如杯口、刀尖、筷子前端等，不能用手直接抓取食物。

④不可用不洁抹布擦餐台，也不可将餐布或小毛巾当抹布使用。抹布、垫布每天要清洗干净，与餐具一起消毒，防止交叉感染。

⑤掉落在地面的餐具不可再使用，必须更换干净的。有缺口或者破裂的餐具应及时更换，保证客人的用餐安全。

⑥在餐厅服务操作中，要杜绝出现不良的习惯动作，如在客人面前抓头皮或身上的其他部位以及梳理头发、挖鼻、掏耳、剔牙等动作。

（4）食品卫生

餐厅经营的食品，在色、香、味和组织状态等感官性状方面，必须符合营养卫生要求，不应对人体产生任何有害作用。首先，要选择卫生安全的原料、合理加工和烹制的方法，防止食品污染，严防食物中毒。餐饮服务人员要严防食品的污染和腐败变质问题，自觉提高意识，如图1-26所示。因此，平时工作中应做到：

图 1-26

①餐厅内陈设的各类食品，必须按有关规定加盖、加罩，注意防尘。

②凡不符合卫生要求的食品，如霉变的、腐烂的、变质的食品坚决不予出售。如果客人发现食品变质，应立即更换，同时向客人致以歉意。

③从盘碟中掉落的食品、被蚊蝇叮过的食品，以及过期的罐头食品，不可给客人食用。

④冷盘一类的食品，不能过早摆上餐桌，应该在开餐前10分钟或客人入座以后再上冷盘，防止冷菜被污染。

⑤餐桌上不同类型的食品不要随便混淆，以免串味或错味，影响其本味。

5）服务心理知识

服务心理学是心理学在饭店服务中的具体应用，属于应用心理学的一个分支。它研究的是在饭店进行消费的宾客和饭店服务人员的心理活动及其发展规律的科学。餐厅服务心理学是以探索餐厅服务工作中宾客和服务人员的心理问题、行为及其规律性的一门科学，要求服务员掌握必备的服务心理的知识，在工作中尽可能满足顾客的心理需求。

（1）求尊重

顾客都有满足自尊心、虚荣心的需求。尽管大部分人在社会上是普通人，但却希望别人将他不同于其他人并受到尊重和接待。这就要求服务人员在态度上表现出热情和友善，听其吩咐，对其关心，礼貌周到。

（2）求舒适

顾客到餐厅用餐，首先要感受餐厅的环境，如宽敞的大厅、雅致的包间、富有情调的咖啡厅、豪华气派的宴会厅等。

（3）求卫生

"病从口入"这句话人人都知道。餐厅卫生关系到广大顾客的身体健康和生命安全。因此，顾客对餐厅的环境卫生、餐具卫生、食品卫生、服务人员的个人卫生等都有着较高的要求。

（4）求方便

顾客离开自己熟悉的工作和生活环境，来到餐厅相对陌生的环境，心中会存有担心和疑问，如"我要赶时间，上菜能否快点"，在宴请接待时会担心"能否按期按要求搞好接待"等。针对这些问题，餐厅应考虑所提供的服务应尽量给客人方便感。

（5）求亲切

餐厅的服务是人对人的直接服务，是在服务业与顾客之间进行的，是由服务员直接提供的。因此，必须让顾客感到服务人员的服务充满着尊重之心和友好之情，感受到服务人员不仅乐于服务，而且善于服务，从而再度光顾，这就是餐厅服务给客人留下的亲切感。

（6）求安全

人来到餐厅，都希望自己的财产、健康和精神不受到伤害。如食品是否卫生、安全，财物是否会失窃，地面是否会使人滑倒，餐具是否会将客人割伤等。

（7）求享受

顾客到餐厅是为消费而来，是"花钱买享受"而不是"花钱买气受"的。因此，餐厅提供的服务必须让客人获得一种自由、亲切、尊重、友好的感受，让客人高兴而来，满意而归。

（8）求气氛

许多顾客正是因为餐厅的环境和气氛好才来消费的，装饰的美观适用，良好的色彩搭配，高雅的格调，通过灯光、灯饰、艺术品、鲜花等烘托出的幽雅气氛等，都是顾客需要的。人们除了物质上的需求外，更需要得到精神上的满足。

（9）求质量

质量的含义因人而异，美食家要求食物的高质量，而大多数客人对食品的质量要求会根据菜肴的价格而浮动，但无论怎样，他们都要求菜肴应做到色香味形俱佳，且食物原料新鲜，注重口味与营养结合。因此，餐厅应针对客人的不同口味和喜好，做到食物品种多样化，根据不同的季节，提供多样化的菜式和饮品。

（10）求价格

虽然有相当一部分顾客的消费水平较高，出手大方，但这并不等于他们花钱无所顾忌。对消费者来说，他们希望得到的食物、服务与他们的支出是等值的，甚至是超值的。优美的环境、良好的气氛、精美的食品、优质的服务、合理的价格，才会让顾客感到物有所值。

1.3.2 业务能力

1）语言能力

餐饮服务人员在为客人提供服务时，应使用普通话和客人交流，注意音量适度，时刻发出自然、流畅、适中的音量，给客人亲切、温馨的感觉。注意语速适中，过快或过慢都会让客人感觉听不清或拖沓。还应注意声音的感情色彩，否则让客人觉得是在应付他，缺乏真诚。与客人对话必须站立（图1-27），双目注视客人，语言温和，有耐心，以示尊重。对客人提出的问题无法解答时，应耐心解释，不推诿，不应付。

图 1-27

（1）餐饮服务人员的语言艺术

餐饮服务人员的语言艺术要注意以下几点：

①语言的礼貌性。这既是对客人的尊重，也是对自己的尊重，更是自身良好素质的体现。

②语气的委婉性。对客人提出的任何问题都要给予明确、简洁的回答，绝不能用训斥、命令的语气回答。

③应答的及时性。无论客人在何时何地，有多少次询问，都要及时回答以体现周到的服务。

（2）礼貌用语

应注意使用以下用语

①基本礼貌用语。

您好！请！谢谢！对不起！再见！

②常用礼貌用语。

A.欢迎语：欢迎光临！欢迎您入住酒店！

B.问候语：您好！早上好！下午好！晚上好！

C.告别语：再见！欢迎下次光临！晚安！祝您一路平安！

D.道谢语：谢谢！非常感谢！

E.道歉语：对不起！请原谅！打扰您了！

F.称呼语：小姐、先生、夫人、女士。

G.应答语：是的，好的，我明白了，没关系，不客气。

H.征询语：请问您有什么事吗？我能为您做什么吗？请您……好吗？您看……可以吗？

I.祝贺语：恭喜！祝您节日快乐！祝您新婚快乐！

③服务用语注意事项。

A.在称呼上，对男士应统称为"先生"，对未婚女士称"小姐"，对已婚女士称"夫人"或"太太"。

B.对有一定身份的客人，要用姓氏＋职位的称呼方式。

C.问候语要简明扼要。

D.发音要清晰，声调要温和，语速要适中。

2）应变能力

由于餐饮服务工作任务重、头绪杂，大都由员工通过手工劳动完成，而且客人的需求多变，因此，在服务过程中，难免会出现一些突发事件，如客人投诉、员工操作不当、客人醉酒闹事、停电等，这就要求餐饮服务人员具有灵活的应变能力，遇事冷静，及时应变，妥善处理。所以，餐饮服务人员必须具有迅速发现问题、辩证分析问题和果断解决问题的能力，而这一切都必须建立在"客人至上"的服务宗旨之上。

3）推销技巧

因为餐饮产品的生产、销售与客人的消费几乎是同步的，而且具有无形的特点，所以要求餐饮服务人员必须根据客人的爱好、习惯及消费能力灵活推销菜品，尽量提高客人的消费水平，从而提高餐饮部门的经济效益。这也是对餐饮服务人员综合素质的最好检验。

（1）针对用餐者的身份及用餐性质，进行有重点的推销

一般来说，家庭宴席讲究实惠的同时也要品尝特色菜品。这时，服务员就要把经济实惠的大众菜和富有本店特色的菜介绍给客人。客人既能吃饱、吃好，又能品尝到独特的风味，达到在大饭店就餐既讲排场又经济实惠的目的。对于谈生意的客人，服务员则要掌握客人的心理，无论推销酒水、饮料、食品都要高档，这样既显示了就餐者的身份，又显示了其经济实力。同时，服务员还要为其提供热情周到的服务，使客人觉得自己受到重视。

（2）选准推销目标

在为客人服务时，要留意客人的言行举止。一般外向型的客人是服务员推销产品

的目标。另外，如果接待有老人参加的宴席，则应考虑老人一般很节俭，不喜欢铺张而不宜直接向老人进行推销，要选择健谈的客人为推销对象，并且以能够让老人听得到的声音来推销。这样一来，无论是老人还是其他客人，都容易接受服务员的推销建议，有利于推销成功。

（3）运用语言技巧，达到推销目的

语言是一种艺术，不同的语气、不同的表达方式会收到不同的效果。例如，服务员向客人推销饮料时，可以有以下几种不同的询问方式，一问"先生，您用饮料吗？"二问"先生，您用什么饮料？"三问"先生，您用啤酒、饮料、咖啡还是茶？"很显然，第三种问法为客人提供了几种不同的选择，客人很容易在服务员的诱导下选择其中一种。可见，第三种推销语言更有利于成功推销。因此，运用语言技巧，可以大大提高推销效率。

4）专业操作技能

专业操作技能是指餐饮服务人员在提供服务时显示的技术和能力。它不仅能提高工作效率，保证餐饮服务的规格、标准，更能给客人带来赏心悦目的感受，餐饮服务的每一项工作、每一个环节都有各自的操作标准和要求，如托盘、摆台、餐巾折花、斟酒、上菜与分菜、撤换餐具和服务人员的接待能力、语言技术等。因此，餐饮服务人员要努力学习，刻苦训练，熟练掌握餐饮服务的基本要求，明确各项服务的规格、程序和要求，做到服务规格化、标准化、程序化。

5）团队协作精神

因为餐饮服务质量的提高需要全体员工的参与和投入，所以，在餐饮服务工作中，要求服务人员在做好本职工作的同时，应当学会与其他员工密切配合，尊重他人的劳动，共同努力，把满足客人的需求放在第一位，如图1-28所示。

图 1-28

（1）养成好习惯

我们在工作中，经常会受到习惯的影响。每一个人的习惯应该有所改变，与团队成员相融合，适应酒店发展的要求。如：要将"这是我的工作""这是我的责任""这是我的错"等思维认识形成自己的习惯，并表现在实际工作中，这样团队精神也就有了。

（2）自动自发干工作

酒店员工每天按照岗位职责要求，认真完成工作任务，同时，还要协助部门其他成员的工作，这就体现了工作的主动性，并不是坐、等、看，事事都靠领导来安排布置。以主人翁的姿态，与酒店同呼吸、共患难，以敢打"硬仗"的精神和敢打"胜战"的信心，知难而进，恪尽职守，认真做好本职工作。

（3）有效沟通

沟通就是学习，是解决问题，化解矛盾，融洽关系的有效途径之一。通常，沟通有向上沟通、向下沟通和水平沟通 3 种。向上沟通常发生在员工向酒店管理层反映问题和汇报工作上，要克服心理障碍，突出中心，简明扼要。要有应对问题的措施和解决问题的对策。向下沟通就是要关心和爱护员工，了解员工的思想情况和工作动态，为员工解决实际问题。要求管理层要认真倾听员工心声，加强现场管理与现场督导，及时、有效地发现问题和解决问题。水平沟通就是部门与部门之间，同级与同级之间的沟通，要以诚相待，主动＋体谅＋谦让。酒店是一个大的团队，各个部门是小团队，各部门之间应该相互配合，相互支持，我们的团队才能够在市场竞争中立于不败之地。

（4）有集体荣誉感

集体荣誉感是集体凝聚力的来源，是酒店发展的推动力。餐饮服务工作是一个人无法完成的，必须由多人互相配合，互相帮助。经过配合与合作，员工之间自然就会产生一定的信任，集体荣誉感也就更加强烈。在团队协作中感受集体的力量，进一步激发员工的集体荣誉感。

素养训练步骤

1. 课前任务驱动，下发任务书，以小组为单位，结合烹调方法、膳食营养搭配、餐厅卫生、餐厅安全、服务心理、语言能力、应变能力和推销能力等知识点，逐一设计出较为具体、生动、形象的模拟工作场景。

2. 课上小组成员以角色扮演的形式进行展示。

3. 教师组织学员互动讲评。

4. 逐条总结和练习与每个知识点有关的工作步骤和环节。

5. 分组进行巩固训练。

6. 教师考核评分。

想想、练练

1. 举例说明如何设计合理的膳食营养。

2. 餐厅卫生的具体要求及其做法。

3.餐厅安全的具体要求及其做法。

4.语言能力的要求及练习。

5.应变能力的要求及练习。

6.推销技巧的初步应用。

7.举例说明如何根据客人的心理需求做好相应的服务工作。

主题 4　健康的身心素质

素养训练目标

　　通过学习和训练，使学生逐步具备良好的身体素质和心理素质，以适应餐饮服务人员工作的需要。

理论知识点

1.4.1　身体素质

图 1-29

　　餐饮服务工作是非常辛苦的，对员工的身体素质要求很高，因此，良好的身体素质是做好餐饮服务工作的基本条件，如图 1-29 所示。

1）健康的身体

　　根据《中华人民共和国食品卫生法》规定，凡患有痢疾、伤寒、病毒性肝炎等传染病，包括病原携带者、活动性肺结核、化脓性或渗出性皮肤病以及其他有碍食品卫生疾病的，不得参加接触直接入口食品的工作。餐饮服务人员必须身体健康，必须取得卫生部门发给的健康证，必须参加每年一次由卫生防疫部门组织的体检，如查出患有不适宜从事餐饮服务工作的疾病，应立即调离岗位。

2）充沛的体力

　　餐饮服务工作的劳动强度较大，餐饮服务人员无论是值台员，还是迎宾员、传菜员、酒水员，其在工作中的站立、行走、托盘、上菜等，都要有一定的腿力、臂力和腰力。因此，餐饮服务人员必须有充沛的体力，才能胜任这项工作。

1.4.2 心理素质

1）良好的自信心

自信是一个人成长与成才不可缺少的重要的心理品质，是生活中获得成功和快乐的重要因素。一个有自信心的人确信自己能够把某件事做得很出色，并相信自己能够获得成功。自信的人能够靠自己的力量使看似不可能的事成为可能，使可能的事成为现实。因此，餐饮服务人员要善于鼓励自己，肯定自己，鞭策自己，这样不仅可以抵御心理压力的影响，而且可以帮助我们从容地应付各种问题和困难，在工作中获得成功的喜悦，如图1-30所示。

图 1-30

2）较强的记忆力

记忆力对搞好服务工作是十分重要的，它能帮助服务员及时回想在服务环境下需要的一切知识和技能。对餐饮服务来说，良好的记忆力是服务人员搞好优质服务的智力基础。具体要求：

①餐饮服务方面的知识，即本职工作要做到业务娴熟。如客人提问，有问必答。

②记住有关客人的资料，如姓名、需求特点、忌讳以及正确的服务方法等，并能为客人提供有针对性的服务。在餐饮服务中，记住客人的姓名是非常重要的。当客人第二次进入餐厅时，服务员如果能以其姓氏打招呼，会使客人倍感亲切，加深对餐厅的良好印象。

3）持久的注意力

在餐饮服务工作中，对服务人员注意力的要求是：在服务岗位上，注意力相对集中，适时灵活转移，克服过分集中与分散的弱点。具体来说，在餐饮服务过程中，服务人员的精力应集中到为客人服务上来，对影响精力集中的各种不利因素要有较强的抗干扰能力。只有这样，才能动作敏捷、耐心周到地服务客人。同时，服务人员的注意力应相对集中在一定范围内，在接待一位客人时，还要注意其他客人的情况，及时发现客人的需要，为他们提供优质的服务。

4）敏锐的观察力

服务人员最能够让客人佩服的本领，就是能把客人最感兴趣的某种需要一语道破并设法满足。要达到这一良好效果，服务员必须具有敏锐的观察力。为了做好餐饮服务工作，服务人员要细心观察，善于捕捉客人无意流露或有意传递的每一条信息，然后根据当时特定的背景去分析客人的真实意图，从而运用各种服务心理策略和灵活的接待方式来满足客人的消费需要，把服务工作做在客人开口之前，也就是我们常说的"超前服务"和"个性化服务"。

5）灵活的交际能力

餐饮服务是一种特殊的人际交往活动，服务人员应主动加强与客人的交往，加深对客人的了解，采取客人乐于接受的方式进行服务。通过与客人的交往，创造出亲切、随意的就餐环境，加强与客人的情感交流，提高客人对企业的忠诚度。所有这些，都要求餐饮服务人员具备一定的人际交往能力。应重视给客人的第一印象，要有简洁、流畅的语言表达能力，要有妥善处理各种矛盾的应变能力，要有招徕客人、吸引客人、促其消费的能力。

6）正确的情感调节

情感对餐饮服务人员的学习、生活、工作乃至身心健康都有重要的影响。这些影响可能是正面的、积极的，也可能是负面的、消极的，这就要求餐饮服务人员在工作中要善于控制和调节自己的情感，始终保持热情友好的服务态度，真正让客人满意。

素养训练步骤

1. 划分 6～8 人的活动小组。

2. 以小组为单位，进行腿力、臂力、腰力、注意力、观察力、自信心方面的训练，并作为实训课中常规训练内容。

3. 教师巡视指导。

4. 教师组织学员互动讲评。

5. 总结相关的训练技巧和注意事项。

6. 分组进行巩固训练。

7. 教师考核评分。

想想、练练

1. 餐厅服务员身体素质的要求和练习。

2. 餐厅服务员心理素质的要求和练习。

第2单元

基本技能训练

主题 1　托盘训练

技能训练目标

通过托盘技能训练，使学生掌握轻托的操作技能，熟练进行运用和对客服务，重托要求学生会操作即可。

理论知识点

托盘是餐厅服务员为宾客端送各种物品的常用工具之一，如图 2-1 所示。因此，熟练操作托盘就显得十分重要。托盘操作的熟练程度也是评价餐厅服务员技能水平高低的标准之一。

图 2-1

2.1.1　托盘的种类

1）按制作的材料分类

按制作材料，托盘可分为塑料托盘、金属托盘和胶木托盘。以胶木托盘为佳，其特点是防滑、耐用、防腐、轻便。

2）按规格的大小分类

按规格大小，托盘可分为大、中、小 3 种规格。

3）按托盘的形状分类

按形状，托盘可分为长方形托盘和圆形托盘两种。长方形托盘一般用于托运菜点和餐具等较重的物品。直径大的圆形托盘主要用于对客服务，如斟酒、分菜和托送饮品等。直径小的金属圆形托盘主要用于递送账单和信件。

4）按材质区分

按材质，托盘可分为塑胶防滑托盘、不锈钢托盘、银托盘、木质托盘。

2.1.2　托盘托送物品装盘规则

托盘托送物品时，要求托盘内物品重量分布均衡，重心靠近持托盘者身体，以利于平衡和控制为宜。一般是重物、高物放在托盘里边，即离持托盘者身体较近的一侧；轻物、低物放在外边，即离持托盘者身体较远的一侧；先上桌的物品放在上、在前；后上桌的物品放在下、在后。

2.1.3　托盘操作方法

1）轻托

轻托又称胸前托。一般在客人面前操作，主要用于托送较轻的物品和对客服务，所托重量一般在 5 千克以内。轻托动作要求熟练、优雅。轻托是用于端托体积较小、重量较轻的物品，多用于摆台、上菜、斟酒、递账单等。如图 2-2 所示。

图 2-2

（1）轻托的操作要领

用左手托盘。端托时大臂自然下垂，小臂向上弯曲与大臂呈 90°，左手伸平，掌心向上，五指分开伸直，以大拇指指端到手掌根部和四指拖住盘底，手掌自然形成凹形，掌心不与盘底接触。轻托姿势和手势如图 2-3 所示。

图 2-3

（2）轻托的操作步骤

①理盘。在理盘前，要用医用酒精将托盘和手消毒后再去托盘。根据所托的物品选择清洁合适的托盘，如果不是防滑托盘，则在盘内垫上洁净的垫布。

②装盘。根据物品的形状、体积和使用先后合理安排，以安全、稳当、方便为宜。

一般是重物、高物放在托盘里挡，轻物、低物放在外挡；先上桌的物品放在上、在前；后上桌的物品放在下、在后。要求托盘内物品质量分布均衡，重心靠近身体。

③起盘。右手将托盘拉出台面1/3。托盘重心位于掌心，保持盘面平衡。左手掌呈凹形，不与底盘接触，左手五指分开，掌心向上，上臂与前臂垂直于左胸前，平托略低于胸前。

④行走。头正臂平，上身挺直，注视前方，脚步轻缓，动作敏捷，脚步轻盈，视线开阔，面带微笑。托盘时，手腕转动轻松、灵活。随着步伐移动，托盘可以在胸前自然摆动，但要避免菜肴酒水外溢。切忌出现僵硬的动作以及托盘摆动幅度太大而出现不美观、不高雅的动作。行走步一般分5种：

A. 常步。步履均匀而平缓，端托一般物品时使用常步。

B. 快步（疾行步）。步履稳、快，动作协调。端送火候菜或急需物品时，在保证菜不变形、汤不洒的前提下，以最快的速度走路。

C. 碎步（小快步）。步距小而快的中速行走，适用于端送汤汁多的菜肴及较重物品。

D. 跑楼梯步。身体向前弯曲，重心向前，用较大的步距，一步跨两个台阶，一步紧跟一步，上升速度快而均匀，巧妙地借用身体和托盘运动的惯性，既快又节省体力。

E. 垫步（辅助步）。侧身过时右脚侧一步，左脚跟一步。端送物品到餐厅前欲将所端物品放于餐台上时应采用垫步。

⑤卸盘。右手协助扶住托盘边缘，屈膝直腰，把托盘平稳地放到工作台上，再安全取出物品。

（3）轻托的注意事项

①轻托时，要用左手。除了在起、落台时右手扶托外，行走时禁止右手扶托。端托时须注意卫生。

②轻托时，所托物品要避开自己的鼻口部位，不可将所托物品置于胸下。

③轻托时，掌握正确的姿势，做到站稳、端平、托举到位、高低适中，并注意托盘内物品的不断变化。重心也要不断调整，左手手指应不断地移动，以掌握好托盘的中心。

④卸盘时，要注意保持平衡。如果要放下托盘，应把托盘小心放到已经选择好的平面处，不可在没有放好托盘之前急于取下物品，以免翻盘。

⑤要养成使用托盘的良好习惯，不允许将托盘随意放置在宾客的餐桌和座椅上。

2）重托

重托又称肩上托，是指对较大且重的物品的端托。重托的重量一般超过5千克，在 10 千克以内。

（1）重托的操作要领

用左手托盘。伸开手掌，掌心向上，平托住托盘底部中心，在托起的同时转动托盘，使托盘在向左旋转的过程中送至左肩外上方，左手指尖向后，托盘距肩 2 厘米。手指之间向前伸、向左伸均属托盘不到位。如图 2-4 所示。

（2）重托的操作步骤

①理盘。物品合理摆放在托盘内，要求托起后重心靠近身体。

②托盘。用双手将托盘移至工作台外，左手伸开五指托住盘底，掌握好重心后，右手协助左手将托盘托起。同时，左手向上弯曲臂肘，向左后方旋转 180°，擎托于左肩上方，做到盘底不搁肩，盘前不靠嘴，盘后不靠发，右手自然摆动或扶托盘的前内角。

图 2-4

③行走。行走时头正肩平、上身挺直、目视前方、面带微笑、步伐轻盈，做到肩不倾斜，身不摇晃，掌握重心，保持平稳，动作表情轻松自然。

④落盘。落盘前人要站稳，然后屈膝直腰，轻放托盘，安全取出物品。

（3）重托的注意事项

①重托时，物品装载要力所能及，不要在托起后再随意增加或减少盘内的物品。

②重托时，掌握正确的姿势，做到站稳、端平、托举到位、高低适中。

③卸盘时，要注意保持平衡，右手应扶住盘边。如果要放下托盘，应把托盘小心放到已经选择好的平面处，千万不要在放好托盘之前急于取下物品，以免翻盘。

表 2-1　轻托考核评价标准

考核项目	考核评价标准	分值/分	得分/分
理盘	根据所托物品选择合适的托盘，托盘擦拭干净	10	
装盘	合理安排，整齐美观，安全稳妥	30	
起盘	肢体协调，托盘重心位于掌心，保持盘面平衡；左手掌呈凹形，不与底盘接触	20	
行走	行走时托盘平稳，姿势正确，托送自如灵活；行走应头正肩平，上身挺直，面带微笑，目视前方	30	
卸盘	把托盘平稳地放到工作台上，再安全取出物品	10	
总　分		100	

技能训练步骤

1. 物品准备：托盘、白酒瓶、啤酒瓶、饮料瓶、易拉罐等各种高低不同的酒水饮料瓶罐，干净的餐巾、揩布数块。

2. 教师演示，同时讲解训练要求。

3. 小组以学生为单位进行模仿学习和训练。

4. 小组中 1 人进行练习，1 人协助，另 2 人参照技能考评标准进行评议和纠错，依此训练方式 4 人轮流练习。

5. 教师根据学生学习和训练的情况进行巡回检查和辅导。

6. 可以开展以小组为单位的分段程序和全程序的操作竞赛。

7. 掌握基本程序要领后，需加强托盘技巧和平稳度的训练。

想想、练练

1. 轻托的操作程序及练习。

2. 轻托的注意事项。

主题 2 餐巾折花训练

技能训练目标

通过折花技能的训练，使学生掌握折花的基本技法和要领，掌握常用花形的折叠方法和选用原则。

理论知识点

餐巾也叫口布，是客人用餐时的保洁方巾，可以有效避免客人衣物被饭菜的油污弄脏。将餐巾折叠成各种造型的餐巾花，能以其绚丽的色彩和逼真的造型美化席面，烘托气氛。

2.2.1 餐巾的作用和种类

1）餐巾的作用

（1）餐巾是一种卫生用品

宾客用餐时，将餐巾放在膝盖上或胸前，可用来擦嘴或防止汤汁、酒水弄脏衣物。

（2）餐巾可以装饰和美化餐台

不同的餐巾花形可以烘托出不同的宴会主题。形状各异的餐巾摆放在餐台上，给人以美的享受。如图 2-5 所示。

（3）餐巾花形可以烘托就餐气氛

如用餐巾折成喜鹊、和平鸽等花形表示欢快、和平、友好，给人诚悦之感。如折出比翼齐飞、心心相印的花形送给一对新人，可以表达出永结同心、百年好合的美好祝愿。

图 2-5

（4）餐巾花形的摆放可标出宾主的席位

一般主人位上的花形要高大醒目，主宾位的餐巾折花要求精细、挺拔，有一定的代表性。

2）餐巾的种类

（1）按质地分

按质地，餐巾可分为棉织品餐巾、化纤织品餐巾和纸质餐巾。棉织品餐巾吸水性较好，去污力强，浆熨后挺括，造型效果好，折叠一次后效果最佳。化纤织品餐巾色泽艳丽，透明感强，富有弹性，如一次造型不成，可以二次造型，但吸水性差，去污力不如棉织品。纸质餐巾一次性使用，成本较低，一般用在快餐厅和团队餐厅。

（2）按颜色分

按颜色，餐巾可分为白色餐巾和彩色餐巾。白色餐巾给客人以清洁卫生、恬静优雅之感，可以调节人的视觉平衡，可以安定人的情绪。彩色餐巾可以渲染就餐气氛，如大红色、粉红色餐巾给人庄重、热烈的感觉；橘黄色、鹅黄色餐巾给人高贵、典雅的感觉；湖蓝色餐巾在夏天能给人凉爽、舒适的感觉。

2.2.2 餐巾花的种类和特点

1）按折叠方法与放置用具的不同分类

按折叠方法与放置用具的不同分类，餐巾花可分为杯花、盘花和环花。

（1）杯花

杯花是将折好的餐巾插入水杯或红葡萄酒杯中。其特点是立体感强，造型逼真，常用推折、捏和卷等复杂手法。其缺点是容易污染杯具，不宜提前折叠储存，从杯中取出后即散形且褶皱感强。一般应用在中式餐台的布置中。如图2-6所示。

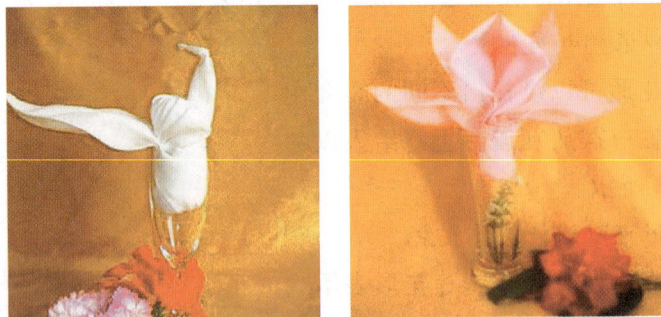

图 2-6

（2）盘花

盘花是将折叠好的餐巾花直接放在餐盘中或台面上。其特点是卫生、简洁，可以提前折叠，便于储存，打开后平整。由于其具有简洁大方、美观实用的特点，目前被中西餐厅广泛使用。如图2-7所示。

图 2-7

（3）环花

环花是将餐巾平整卷好或折叠成一定的造型，套在餐巾环内。餐巾环又称餐巾扣，有瓷制、银制、象牙、塑料、骨制等。此外，餐巾环也可用色彩鲜明、对比感较强的丝带或丝穗带代替，将餐巾卷成一定的造型，中央系成蝴蝶结状，然后配上鲜花。餐巾环花通常放置在装饰盘或餐盘上，其特点是传统、简洁、雅致，目前多应用于宴会摆台中。如图 2-8 所示。

图 2-8

2）按造型外观分类

按造型外观分类，餐巾花可分为动物类、植物类和其他类。如图 2-9 所示。

（1）**动物类造型**

动物类造型包括鱼虫鸟兽造型，如鸽子、海鸥、金鱼、蝴蝶和孔雀等，有的取其特征，形态逼真，生动活泼。

（2）**植物类造型**

植物类造型包括各种花草和果实造型，如月季、荷花、水仙、竹笋和玉米等。造型美观，变化多样。

图 2-9

（3）其他类造型

其他类造型包括模仿自然界和日常生活中的各种形态的实物造型，如冰川、折扇、水晶鞋、花篮等。

2.2.3　餐巾折花的基本技法

餐巾折花的基本技法包括折叠、推折、卷、翻拉、穿、捏几种技法。

1）折叠

将餐巾一折为二、二折为四，或者折成三角形、长方形等其他形状。折叠的要求是：要熟悉基本造型，折叠前算好角度，一次折成，避免重复，以免餐巾上留下一条皱痕，影响餐巾美观。

2）推折

在打折时，应在干净光滑的台面或规格较大的餐盘上操作，两根大拇指相对成一线，指面向外，与食指按紧折叠处向中指方向推折，中指控制距离，这样形成的褶比较均匀。推折可分为直线推折、斜线推折，折成一头大一头小的褶，折成半圆形或圆弧形。

3）卷

卷是将餐巾卷成圆筒并制出各种花形的一种手法。卷的方法可以分为直卷和螺旋卷两种。直卷是指餐巾两头一定要卷平。螺旋卷是指先将餐巾折成三角形，餐巾边要参差不齐。无论是直卷还是螺旋卷，餐巾都要卷紧，如卷得松，就会在后面折花中出现软折。

4）翻拉

将餐巾折卷后的部位翻成所需花样，翻拉大都用于折花鸟。操作方法是：一手拿餐巾，一手将下垂的餐巾翻起一角，拉成花卉、鸟的头颈、翅膀、尾巴等形状。翻拉为花卉的叶子时，要注意叶子两边对称，大小一致，距离相等。翻拉鸟的翅膀、尾巴或头时，一定要拉挺，不要软折。

5）捏

捏的方法主要用于折鸟的头部。操作时，先将鸟的颈部拉好（鸟的颈部一般用餐巾的一角），然后用一只手的大拇指、食指、中指3个指头，捏住鸟颈的顶端。食指向下，将餐巾一角的顶端尖角向里压下，大拇指和中指将压下的角捏出尖嘴。

2.2.4　餐巾折花的折叠要求

①餐巾要干净，熨烫平整，无破损，并根据用餐情况选定餐巾。

②折花时，姿势正确，手法灵活，用力得当，角度要算准，折褶要均匀，力争一次折成，以免反复折叠造成花形线条杂乱，不符合卫生要求。

③折花要简单美观，拆用方便，造型生动，形象逼真。

2.2.5　餐巾花摆放的要求

①高大、美观、醒目的主花应摆放在主人位，突出主人座席。

②造型一般的餐巾花摆放在其他宾客席上。

③不同品种的花形同桌摆放时要位置适当，将形状相似的花形错开并对称摆放。

④摆放餐巾花时，要将观赏面朝向宾客席位，适合正面观赏的花形要将头部朝向宾客，适合侧面观赏的花形要选择一个最佳观赏角度摆放。如图2-10所示。

⑤各种餐巾花之间的距离要均匀，整齐一致。

⑥餐巾花不能遮挡台上用品，不能影响服务操作。

⑦摆放好餐巾花后，要仔细检查一遍，发现问题及时纠正。

图 2-10

2.2.6　餐巾折花的运用原则

餐巾花折叠完成后，要根据宴会性质、季节、宾客的身份等因素来选择花形。同时，要考虑到不同餐巾花之间的花形搭配、颜色搭配、高低搭配，使餐巾花与餐桌的餐具、餐厅的氛围融为一体。

1）主题突出原则

在选择餐巾花时一定要突出主题。如宴会是婚宴，在色彩上应以红色等暖色调的餐巾布为主，以渲染热烈的氛围。宴会主人位前的餐巾花称为主花，主花要选择美观醒目的花形，目的是使宴会的主位更加突出。

2）规模原则

根据宴会的规模选择花形。一般大型宴会可选用简单、快捷、挺拔、美观的花形。小型宴会可以同一桌上使用各种不同的花形，形成既多样又协调的布局。

3）协调原则

餐巾花的选择要与菜肴、季节等协调一致。如冷拼是"游鱼戏水"，餐巾花就可以选用"金鱼"造型。不同的时令季节选择不同的花形，用台面上的花形反映季节特色，使之富有时令感。

4）个性化原则

①根据客人身份、宗教信仰、风俗习惯和爱好选择花形。

②根据客人的要求设计餐巾花形。

2.2.7 训练注意事项

①操作前双手要清洗消毒。

②在干净的托盘或餐盘内操作。

③操作时，不允许用嘴叼，也不允许咬。

④不操作时，不要玩弄餐巾等物品。

⑤摆放水杯时，应轻拿轻放，避免发出碰撞声。

⑥训练时，先练习花形的折叠方法，掌握后再练习折叠速度，切勿操之过急。

2.2.8 常用餐巾花实例

1）扇面送爽

扇面送爽如图2-11所示。

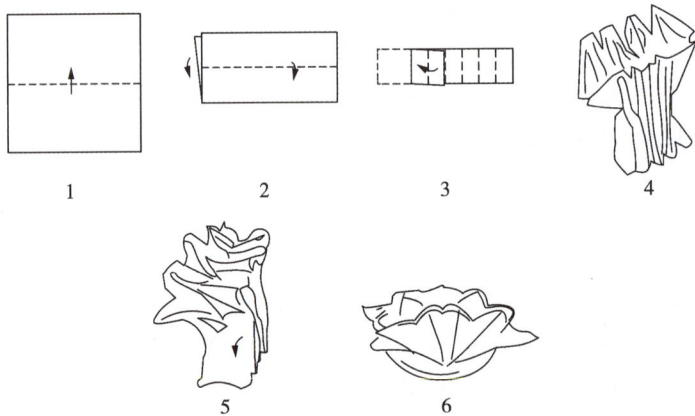

1.将底边向上对折，与顶边对齐。

2.将底边分别从正反两面向下对折。

3.从一边向另一边依次正反向折叠成8等份。

4.将正面夹缝中的长方形巾角拉下成直角三角形。

5.将反面夹缝中的长方形巾角拉下成直角三角形。

6.放入盘中整理成型。

图2-11

2）祝寿蜡烛

祝寿蜡烛如图2-12所示。

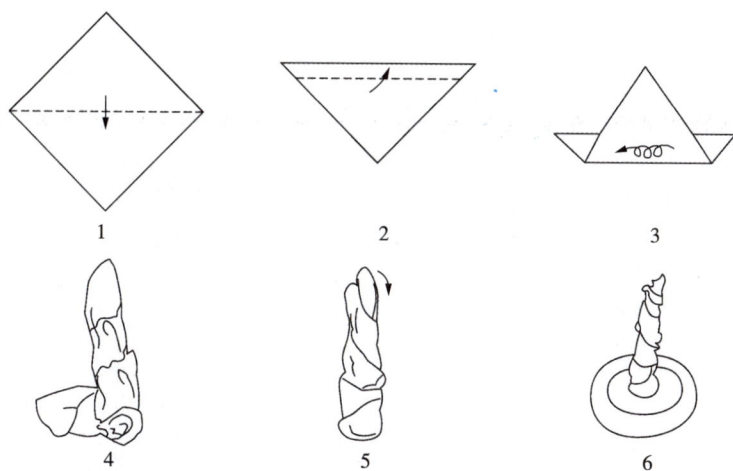

1. 将顶角向上对折，与底角对齐。
2. 将底部两巾角向上分别折 4/5 左右。
3. 从一边向另一边平行卷。
4. 将余下巾角底放入夹层折叠中。
5. 将上面第一层巾角翻下。
6. 放入盘中整理成型。

图 2-12

3）王公冠冕

王公冠冕如图 2-13 所示。

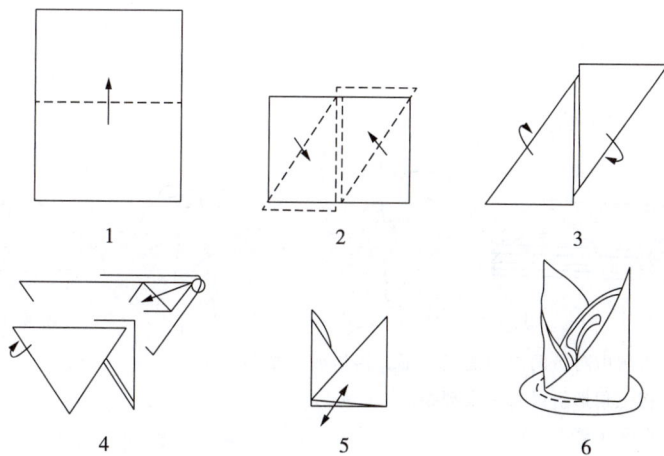

1. 将底边向上对折，与顶边对齐。
2. 按虚线所示将两巾角折叠。
3. 将两边从中缝处向后反折。
4. 将右巾角插入中间夹层中。
5. 左边巾角折向背面。
6. 将底部拉开成圆形，放入盘中整理成型。

图 2-13

4）主教圣帽

主教圣帽如图 2-14 所示。

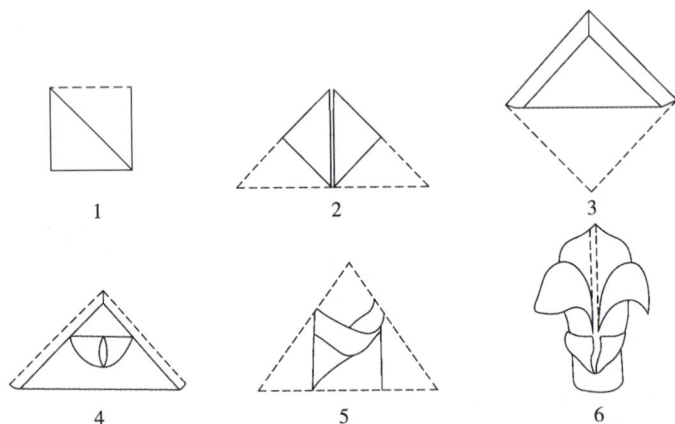

1. 将餐巾折成三角形。
2. 将两底角折向顶角，折成正方形。
3. 将正方形的一角折向原顶角，折成三角形。
4. 新折上的角再向下翻。
5. 将三角形的两底角插入夹层。
6. 翻拉成型。

图 2-14

5）三角帐篷

三角帐篷如图 2-15 所示。

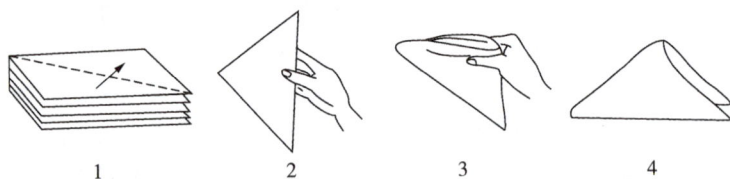

1. 将餐巾对折两次后成正方形，再折成三角形。
2. 将三角形折过右手大拇指。
3. 撤平折缝。
4. 开口或不开口的一面放在餐盘内面向客人。

图 2-15

6）和服归箱

和服归箱如图 2-16 所示。

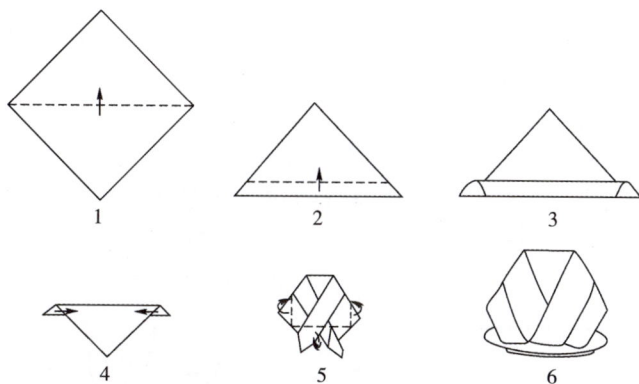

1
2
3

4
5
6

1. 将底角向上对折，与顶角对齐。

2. 将底边向上折 1/5 左右。

3. 将方巾翻过背面。

4. 将两边巾角向中间交错对拢呈衣领状。

5. 将左右两边角向背后折，再按虚线的大概位置向背后折上底角，半插入折裥里。

6. 放入盆中整理成型。

图 2-16

7）一帆风顺

一帆风顺如图 2-17 所示。

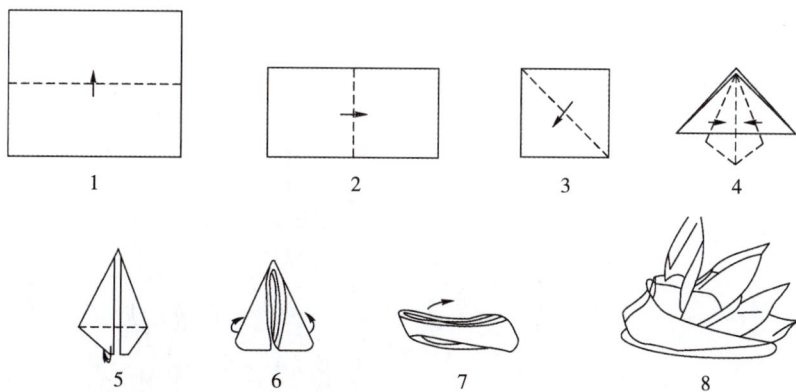

1
2
3
4

5
6
7
8

1. 将底边向上对折，与顶边对齐。

2. 由左向右对折。

3. 将右顶角处四巾角一起向下对折。

4. 将底边两巾角按虚线所示折叠。

5. 将底部向背后折上。

6. 将两边角向下对拢。

7. 拉起夹层中的四层巾角。

8. 放入盘中整理成型。

图 2-17

8）单荷花

单荷花如图 2-18 所示。

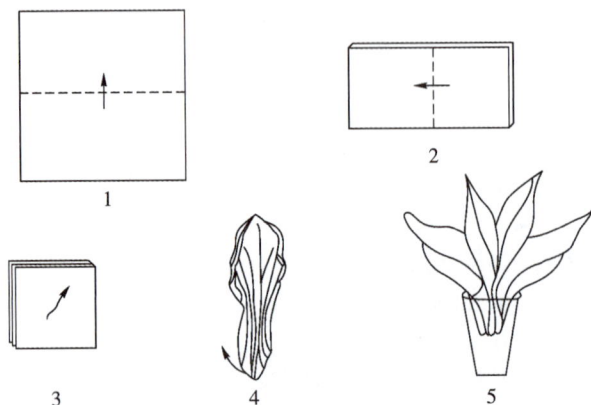

1. 底边向上对折与顶边对齐。
2. 再从左向右对折。
3. 按曲线指示的方向从中间两边均匀捏折。
4. 将底角上折 1/3 左右。
5. 放入杯中，打开四巾角整理成型。

图 2-18

9）芭蕉叶

芭蕉叶如图 2-19 所示。

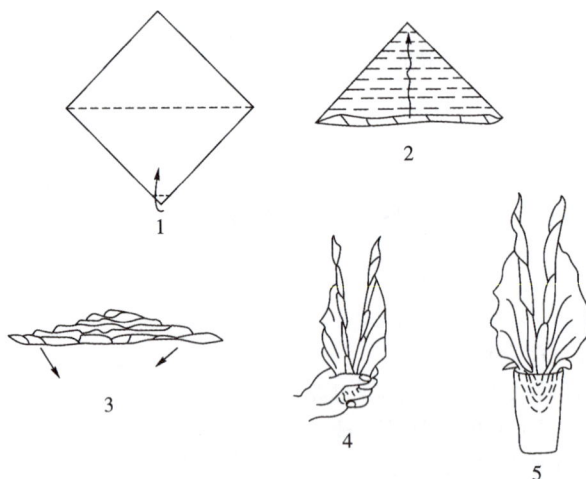

1. 将下巾角向上卷至中线。
2. 向上折六至七褶。
3. 巾角两侧向下对折拢。
4. 手握成如图所示的形状。
5. 插入杯中整理成型。

图 2-19

10）花枝蝴蝶

花枝蝴蝶如图 2-20 所示。

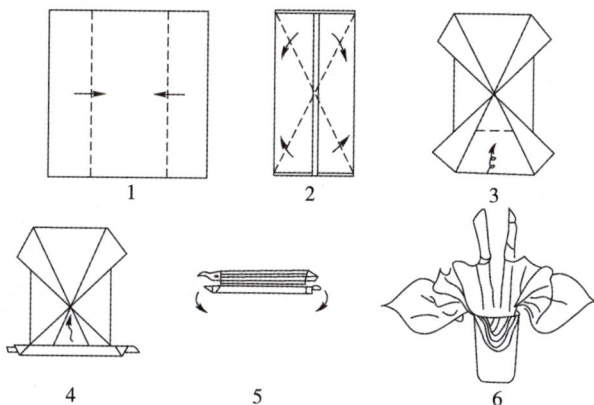

1. 将两边向中间对拢折。
2. 按图示方向分别折下四巾角。
3. 从底边向上卷至 1/4 处。
4. 继续向上均匀捏折。
5. 成条状后将两边向下对拢。
6. 放入杯中整理成型。

图 2-20

11）雨后春笋

雨后春笋如图 2-21 所示。

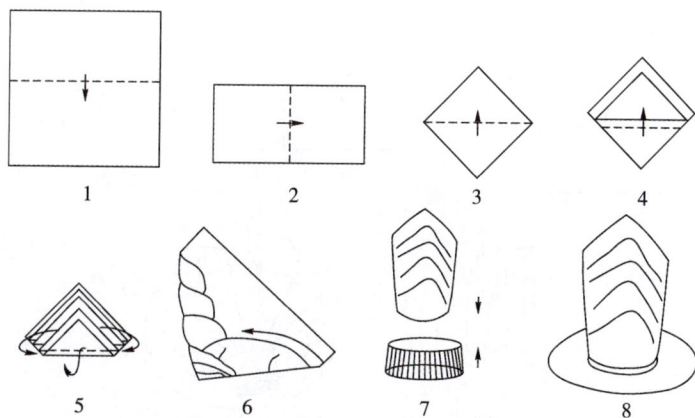

1. 将顶边向下对折，与底边对齐。
2. 从左向右对折。
3. 将底巾第一层上折，与顶角间距 1 厘米左右。
4. 后面三层依次上折，间距相等。
5. 先将底部向背后折 2 厘米左右，再将两边巾角向右折。
6. 将一巾角插入另一巾角的夹层中。
7. 将折好的餐巾套入花环中。
8. 放入盘中整理成型。

图 2-21

12）孔雀开屏

孔雀开屏如图 2-22 所示。

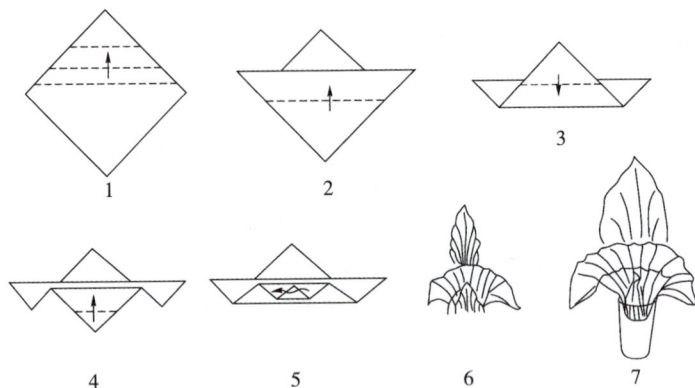

1. 按虚线所示压折一层。
2. 将底角折上与背面底边取齐。
3. 将此角向下折 2/3 左右。
4. 再将此角向上折 1/3 左右。
5. 按曲线所示从中间向两边均匀捏折。
6. 拉出夹缝中的巾角做头。
7. 放入杯中整理成型。

图 2-22

13）环花折扇

环花折扇如图 2-23 所示。

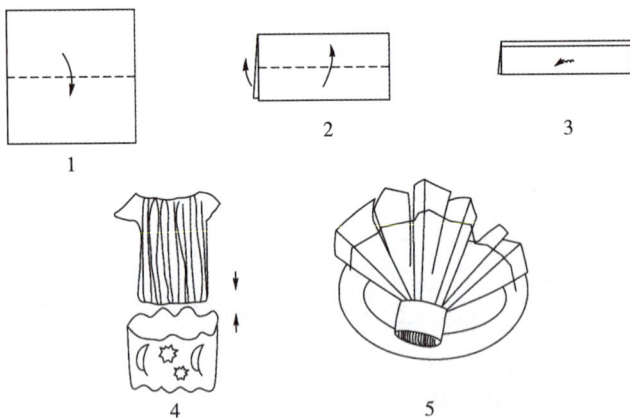

1. 将顶边向下对折，与底边对齐。
2. 分别沿虚线将餐巾向中线翻折。
3. 从一边向另一边均匀捏折。
4. 将折好的餐巾套入餐巾环中。
5. 放入盘中按折印打开，整理成型。

图 2-23

14）蝴蝶环花

蝴蝶环花如图 2-24 所示。

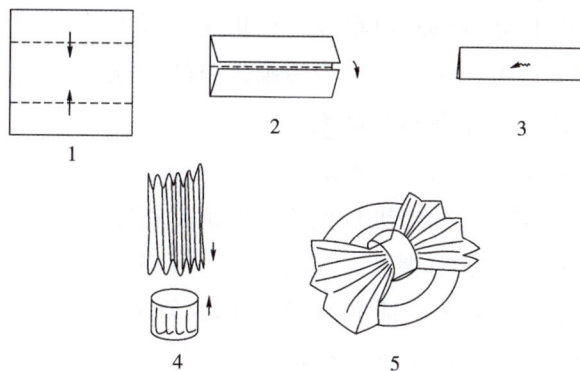

1. 将上下两边向中间对拢。
2. 将中线对折。
3. 从一边向另一边均匀捏折。
4. 将折好的餐巾套入餐巾环中。
5. 放入盘中整理成型。

图 2-24

表 2-2 餐巾折花考核评价标准

考核项目	考核评价标准	分值 / 分	得分 / 分
操作手法	能灵活准确地运用餐巾折花的基本技巧；操作娴熟、规范、一次成型	20	
		10	
花形效果	餐巾花造型生动，形象逼真，花形挺阔，富有艺术性	15	
操作姿态	操作姿势优美、自然、微笑	5	
设计风格	根据宴会及用餐的各种状况，选择合适的花形；符合宴会主题，起到烘托氛围、美化环境的效果	20	
摆放效果	突出正、副主人位，观赏面朝向客人，错落有致，注意动物造型的摆放，杯花插入杯中要掌握适当的深度，盘花要摆正、摆稳、挺立、不散	20	
操作速度	在规定时间内完成	10	
总　分		100	

技能训练步骤

1. 物品准备：4 张 10 人标准餐桌，每人 1 块餐巾，每人 1 个圆形大尺寸餐盘，每人 1～2 根圆形筷子，每人 1 个水杯。

2.教师分步骤进行折叠示范，并讲解折花要求。将折叠好的巾花放于杯中或盘中，造型完整美观。

3.学生按照要求模仿练习和训练。

（1）小组成员先按照老师的示范单独进行折花练习。

（2）小组成员之间互查纠正，进一步明确折叠的过程。

（3）小组派代表进行成果展示与交流。

（4）老师适时进行引导、指导、答疑。

（5）为提高学习兴趣，可分组进行比赛，评出折花能手。

4.循序渐进，一种花形掌握后再进行下一种花形的折叠练习，一共要学会10~20种不同的杯花，达到5分钟折10种花形的要求，包括动物类、植物类和实物类花形。另外，还要掌握5种以上常用盘花。

想想、练练

1.餐巾折花的基本技法和练习。

2.餐巾折花的不同种类和练习。

3.餐巾折花的摆放要求和练习。

4.餐巾折花的选择、运用和练习。

主题 3　摆台训练

理论知识点

2.3.1　中餐餐台的种类和规格

常见的中餐餐台有圆台和方台两种。

1）圆台

圆台的规格大小不同，其直径为 120 ~ 160 厘米不等。圆台的底台或台架高度一般为 80 厘米左右。由于每次用餐客人的人数不同，因此，在选用餐台时，应根据客人的就餐人数选择大小适宜的餐台。通常情况下，4 位客人选择直径 120 厘米的餐台，6 位客人选择直径 140 厘米的餐台，8 位客人选择直径 160 厘米的餐台。按制作材质又可分为玻璃圆台和木质圆台。圆台如图 2-25 所示。

图 2-25

2）方台

餐厅的方台规格有 90 厘米 × 90 厘米、100 厘米 × 100 厘米和 110 厘米 × 110 厘米 3 种。一般情况下，1 ~ 2 位客人适宜选用 90 厘米 × 90 厘米的方台，3 ~ 4 位客人适宜选用 100 厘米 × 100 厘米的方台，4 位以上客人适宜选用 110 厘米 × 110 厘米的方台。按制作材质又可分为木质方台和玻璃方台。圆台如图 2-26 所示。

图 2-26

2.3.2 中餐台布的种类与规格

图 2-27

1）台布的种类

餐厅使用的台布种类很多。因纯棉台布吸湿性能好，多数餐厅均使用纯棉提花台布。近年来，由于化纤台布清洗方便，一些中低档餐厅选用化纤台布日渐增多。其颜色和图案有多种，应根据餐厅的风格、装饰、环境等选择与之相协调的台布。台布的形状大致有 3 种：正方形、长方形、圆形。正方形多用于方台或圆台，长方形则多用于西餐各种不同的餐台，圆形台布主要用于中餐圆台。台布如图 2-27 所示。

2）台布的规格及对应的餐台尺寸

如表 2-3 所示。

表 2-3　台布的规格及对应的餐台尺寸（厘米）

台布规格	试用餐台
140×140	90×90
160×160	100×100
180×180	150×150
200×200	170×170
220×220	200×200
260×260	240×240

2.3.3 台布的铺设方法

1）准备工作

铺台布之前，首先应将所需餐椅按就餐人数摆放于餐台四周。然后，服务员应将双手洗净，并仔细检查准备铺用的每块台布，发现有残破、油渍和褶皱的台布则不能继续使用。最后，应根据餐厅的装饰、布局确定席位。操作时，餐厅服务员应将主人处餐椅拉开至右侧餐椅后边，站立在主人餐椅处，距餐台约 40 厘米，将选好的台布放于主人处的餐台上。

2）台布铺设方法

常用的中餐台布铺设方法有 3 种：

（1）抖铺式

抖铺式铺台，即用双手将台布打开，平行打折后将台布提拿在双手中，身体呈正位站立式，利用双腕的力量，将台布向前一次性抖开，在台布落桌和向回拉动的过程中以中线为参照，调整台布的位置进行准确定位，并平铺于餐台上。这种铺台方法适用于较宽敞的餐厅，或在周围没有客人就座的情况下进行。

（2）推拉式

推拉式铺台，即用双手将台布打开后放至餐台上，将台布贴着餐台平行推出去再拉回来。这种铺法多用于零餐餐厅或较小的餐厅，或因有客人就座于餐台周围等候用餐，或在地方窄小的情况下。

（3）撒网式

撒网式铺台，即用双手将台布打开，正面向上，用大拇指和食指抓住台布靠近身体的一边，其余三指快速抓住台布其余部分，平行打折。呈右脚在前、左脚在后的站立姿势，双手将打开的台布提拿起至胸前，双臂与肩平行，上身向左转体，下肢不动并在右臂与身体回转时，台布斜着向前撒出去，如同撒渔网一样。将台布抛至前方时，上身转体回位，并恢复至正位站立，然后再将台布向自身拉回，一边拉，一边调整台布。这时台布应平铺于餐台上。这种方法多用于宽大场地或技术比赛场合。

3）注意事项

①铺台布时，台布不能接触地面，台布中间折纹的交叉点应正好在餐台的中心处。
②铺好的台布应正面朝上，平整无褶皱。

表 2-4 铺台布考核评价标准

考核项目	考核评价标准	分值 / 分	得分 / 分
站位	站立于主人位	10	
铺设效果	手法正确自然，动作干净利落，姿势规范标准	30	
	一次定位准确，台布不与地面接触	10	
	台布正面向上，平整无皱褶	10	
	台布中心线正对正主人位和副主人位	10	
	台布十字中点与餐台圆心吻合	10	
	四周下垂均等，四角与地面距离相等	10	
	时间一般不超过 1 分 30 秒	10	
总 分		100	

2.3.4 摆 台

摆台是为客人就餐摆放餐桌，确定席位，提供必要的就餐用具，是餐厅配餐工作的一项重要内容。摆台包括摆放餐桌、铺台布、安排座椅、准备餐具、摆放餐具、美化席面等，摆台的质量直接影响服务质量和餐厅的面貌。如图 2-28 所示。

图 2-28

1）中餐摆台

中餐餐具品种较多，按餐具材质可分为瓷器、金属器皿和玻璃器皿 3 大类。随着时代的发展和技术的进步，餐具种类出现了水晶、陶制品、竹木藤等新兴材质。餐厅中常见的餐具介绍如下：

（1）中餐餐具

①餐酒具。常见的餐酒具有：垫盘、餐碟、汤碗、汤勺、味碟、筷架、筷子、水杯、葡萄酒杯、白酒杯等。

②用具。常见的用具有：公用筷勺、调味用具、牙签、烟缸、菜单等。

（2）中餐零点摆台的流程与要求

中餐厅要求餐台摆放合理，符合传统习惯，餐具卫生，摆设配套齐全，规格整齐一致，既方便用餐，又利于席间服务，同时富有美感。

①合理布局。中餐厅的主要任务是接待散客，其特点是客人到餐厅的时间不一，人数不定，要求准备不同人数的餐台以满足要求。

餐桌布局要求合理，可根据餐厅面积、形状灵活设计。一般供 2～4 人用餐的小桌可以靠边摆放，5～6 人的中等圆桌摆放在餐厅中间，大桌摆放在餐厅靠里、靠边或不打扰其他客人处。

餐厅可采用绿色植物、地面抬高或栏杆等方法分割不同的服务区域，每个区域的餐位数大致相同，并配工作台，方便服务员操作。餐厅布局要留出迎宾区、客人行走通道和服务人员行走通道。

②摆放桌椅。摆放餐桌和餐椅时，要求桌腿正对门的方向，椅子整齐有序，椅背对齐。成行的桌椅必须排列整齐。

③铺台布。将台布正面朝上打开，灵活运用台布铺设方法一次铺设到位。台布正面凸缝朝上，十字居中，四角下垂均等。

④放转盘。大台面需要配置转台，方便客人取菜。转台位置要求居中，竖拿轻放，放于底座之上，轻轻转动检查底座旋转是否灵活。

⑤餐碟定位。用托盘托装饰盘或餐碟，从主人座位开始，顺时针方向绕台进行，要求轻拿轻放，装饰盘距桌边 1.5 厘米。放装饰盘后再摆餐碟，要求餐碟上的店徽应在上方，盘（碟）之间距离均匀。

⑥摆放调味碟、汤碗、汤勺。在餐碟纵向直径延长线上 1 厘米处放调味碟。在调味碟横向直径延长线左侧 1 厘米处放汤碗、汤勺。汤勺的勺柄向左，汤碗与调味碟的横向直径同在一条直线上。

⑦摆放筷架、袋装牙签和筷子。在汤碗与调味碟横向直径右侧延长线处放筷架，筷子装入筷套置于筷架上，与餐碟相距 3 厘米，筷套右尾端离桌边 1.5 厘米，并与餐碟纵向直径平行，袋装牙签置于餐碟和筷子之间。

⑧摆放玻璃器皿。零点餐厅一般只摆放水杯，置于味碟正上方 3 厘米处。

⑨摆放公共用具。主要有花瓶、烟缸、台号和特选菜单等。禁烟餐厅则不摆放烟灰缸，摆放要求方便客人取用。如图 2-29 所示。

（3）中餐宴会摆台的流程与要求

①宴会餐台的选择。中餐宴会餐台的选择及安排，应根据餐厅的形状、餐厅内陈设的特点，主办人对宴会的要求及就餐人数进行。中餐宴会使用的餐台为圆桌，直径在 180 厘米左右。如果是多桌宴会，其主桌的圆台面可大一些，直径可在 200 厘米以上。

②宴会餐用具及服务用品的配备。摆台前餐厅服务员应根据就餐顾客的人数、桌数及菜单，安排好充足的摆台所用餐具及餐间更换的餐具、用具。

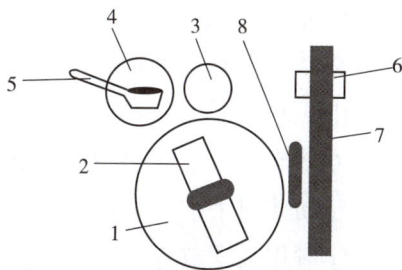

1. 餐碟
2. 餐巾环花
3. 调味碟
4. 汤碗
5. 汤勺
6. 筷架
7. 装有筷套的筷子
8. 小包装牙签

图 2-29

餐酒具：餐碟、汤碗、汤勺、味碟、筷架、筷子、调味用具、公用餐具、水杯、红酒杯、白酒杯、花瓶、烟灰缸、台布、餐巾等。

服务用具：托盘、分菜工具、茶具、毛巾等。

③宴会工作台的布置。工作台是餐厅服务员从事服务工作时使用的台面。它既可以放酒水、菜肴、餐具、用具及部分备用品，同时又是餐厅服务员站立服务的岗位标志。工作台应根据餐桌数设置，一般应 1 桌宴会设 1 个工作台。如宴会的档次较高，应考虑设 2 个工作台。工作台内物品的布置及摆放应体现拿取方便、分类摆放的原则。

④摆台前的准备。

A. 准备好餐桌、餐椅。餐椅摆放整齐，即正副主人一侧各放三张餐椅，另两侧各放两张餐椅，椅背在一条直线上。

B. 折叠好装饰布和台布。将装饰布反面朝里对折两次，再沿短边对折两次。台布折叠方法与装饰布一致。

C. 准备摆台所需餐具、玻璃器皿及公共用具。

D. 洗净双手。

⑤铺台布。

A. 双层式铺台。先在圆台上铺台布，然后再铺放一块比台布略小的装饰布。装饰布一般选择抽纱和刺绣圆形台布，颜色、花纹和质地要和底台布协调一致，符合宴会主题和意境，彰显宴会特色和风格。注意运用好铺台布的方法，将台布一次定位成功，铺好的台布和装饰布要十字居中，四周下垂均等。

B. 单层式铺台。

在圆台上直接铺设圆形或方形台布。灵活运用铺台布的方法，要求一次定位，十字居中，四角下垂均等。

⑥放转盘。先将转盘底座放于台面中心位置，再竖起搬动转盘，放于底座之上，轻轻转动并用手指测试。

⑦餐用具摆放。

A. 餐碟定位。用托盘托装饰盘或餐碟，从主人座位开始，顺时针方向绕台进行，要求轻拿轻放，装饰盘距桌边 1.5 厘米。放好装饰盘后再摆餐碟，要求餐碟上的店徽在上方，盘（碟）之间距离均匀。

B. 摆放味碟、汤碗、汤勺。在餐碟纵向直径延长线上 1 厘米处放调味碟。在调味碟横向直径延长线左侧 1 厘米处放汤碗、汤勺。汤勺勺柄向左，汤碗与调味碟的横向直径同在一条直线上。如图 2-30 所示。

C. 摆放筷架、分勺、袋装牙签和筷子。在汤碗与调味碟横向直径右侧延长线处放筷架、分勺、袋装牙签和筷子。勺柄与餐碟相距 3 厘米，筷套右尾端离桌边 1.5 厘米，与餐碟纵向直径平行，袋装牙签与分勺末端平齐，注意轻拿轻放。

D. 摆放玻璃器皿。在调味碟纵向直径延长线上 2 厘米处摆放红葡萄酒杯，红葡萄

图 2-30

图 2-31

酒杯右下侧摆放烈性酒杯，在红葡萄酒杯左上侧摆放水杯，三杯成一线，与水平线呈 30°，杯肚之间相距 1.5 厘米。若折的是杯花，水杯待杯花折好后再一起摆上桌。如图 2-31 所示。

E. 餐巾折花。花形种类丰富，要求注重色彩、美观大方、突出正副主人位。餐巾花挺拔，造型美观，观赏面朝向客人，有动物造型的，其头部应朝右。操作手法卫生，不要咬，不要用下巴按，不要用筷子穿，手不触及杯口及杯的上部。

F. 摆放公共用具。不分菜的宴会则应摆放公筷和公勺。规格高的宴会一桌摆 4 份或人手一份菜单，而一般宴会每桌只放 1 ~ 2 份菜单。禁烟餐厅则不摆放烟灰缸等。公用架放在正副主人前面中心线左侧 3 厘米处，公筷与公羹平行放在公架上，与中心线垂直且两边对称，公筷靠转台，公羹靠水杯。酱油、醋壶和盐、胡椒筒分别放在主人左侧和右侧小位中心线两旁，间距 1 厘米左右。公用羹筷与调味品具均离转台约 2 厘米。如图 2-32 所示。

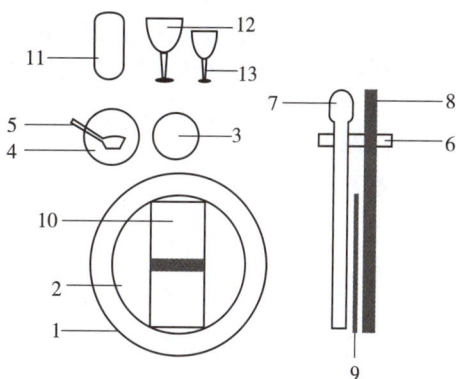

1. 装饰盘
2. 餐碟
3. 调味碟
4. 汤碗
5. 汤勺
6. 筷托
7. 分勺
8. 装有筷套的筷子
9. 小包装牙签
10. 餐巾
11. 水杯
12. 葡萄酒杯
13. 烈性酒杯

图 2-32

表 2-5　中餐宴会摆台考核评价标准

项　目	考核评价标准	分值 / 分	得分 / 分
台布 （5分）	站在第二主人位铺台布，可采用抖铺式、推拉式或撒网式铺设，要求一次完成，两次扣0.5分，三次及以上不得分	3	
	台布定位准确，十字居中，凸缝朝向主副主人位，下垂均等，台面平整	2	

续表

项　目	考核评价标准	分值/分	得分/分
装饰布 （2分）	装饰布长短合适，平整下垂均等（装饰布平铺在台布下面）	2	
餐碟定位 （15分）	一次性定位、碟间距离均等，餐碟标志对正，相对餐碟与餐桌中心点三点一线	5	
	碟边距桌沿1.5厘米	5	
	持拿餐具手法正确，讲究卫生	5	
汤碗、汤勺、味碟 （10分）	味碟位于餐碟正上方1厘米处，餐具相距1厘米	3	
	汤碗摆放在味碟左侧1厘米处，两者中心连线成水平直线。汤勺放置于汤碗中，勺把朝左，与餐碟平行	7	
筷架、钢更、筷子 （10分）	筷架摆在味碟右边3厘米处，下沿与汤碗、味碟中心线成水平直线	6	
	钢更、筷子自左至右搁摆在筷架上，筷尾距餐桌沿1.5厘米	3	
	筷套正面朝上	1	
红酒杯、白酒杯、水杯 （10分）	红酒杯在味碟正上方2厘米处	3	
	白酒杯摆在红酒杯的右侧，水杯位于红酒杯左侧，杯肚间隔1厘米，三杯杯底中点与水平面成一直线。如果折的是杯花，水杯待餐巾花折好后一起摆上桌	6	
	摆杯手法正确（手拿杯柄或中下部），卫生	1	
餐巾折花 （15分）	花形突出正、副主位，整体协调	2	
	有头尾的动物造型应头朝右，主位除外	2	
	巾花观赏面向客人	1	
	巾花挺拔，造型美观，款式新颖	2	
	操作手法卫生，不要咬，不要用下巴按	1	
	10种不同花形	5	
	折叠手法正确，一次成形，花型逼真，美观大方，如果折的是杯花，水杯待餐巾花折好后一起摆上桌	2	
公用餐具 （5分）	公用餐具摆放在正副主人位正上方	2	
	按先勺后筷的顺序将公勺、公筷摆在公用碟上，公勺柄朝左，筷柄朝右。公用碟距离红酒杯3厘米	3	
花瓶或其他装饰物 （3分）	站在上菜口，将花瓶或其他装饰物摆在台面正中，造型精美	3	

续表

项　目	考核评价标准	分值/分	得分/分
餐椅归位 （5分）	从主人位开始拉椅归位，座位中心与餐碟中心对齐，餐椅之间距离均等，餐椅座面边缘距台布下垂部分1厘米	3	
	手势正确，体现礼貌	2	
托盘 （5分）	左手将托盘托起，平托于胸前，高于腰部，姿势正确，托送自如、灵活	5	
综合印象 （15分）	在规定时间内完成（15分钟）	5	
	台面摆台整体美观，便于使用，具有艺术美感	5	
	操作过程中，动作手法规范、娴熟、敏捷、声轻，姿态优美，能体现岗位气质	5	
总　　分		100	

2）西餐摆台

（1）西餐摆台知识

①西餐台型。西餐餐厅形式多样，选用西餐餐台时，应根据用餐形式不同、规格不同、人数不同，选用大小、形状不同的餐台。西餐餐台有长方形餐台、正方形餐台、一字形餐台、U字形餐台、马蹄形餐台、T字形餐台、E字形餐台、梳子形餐台等。如图2-33所示。如1～2位客人，一般选用方形餐台；3～8位客人，则可根据客人的具体数量选择大小适宜的长方形餐台；9～10位客人一般可选用一字形餐台；11人以上可根据客人的就餐规格、形式要求及具体人数选择适宜的不同形状的餐台。如图2-34所示。

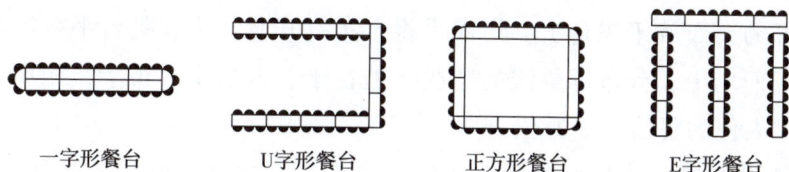

| 一字形餐台 | U字形餐台 | 正方形餐台 | E字形餐台 |

图 2-33

②西餐台布的种类与规格。

A. 台布的种类。按台布的质地分，有纯棉台布、化纤台布、塑料台布、绒质台布等。其中，纯棉台布吸水性能较好，是大多数餐厅经常使用的。按台布花形图案分，有团花、提花、散花、工艺绣花等，其中，提花图案的台布使用较多。按台布的颜色分，有白色、黄色、红色、绿色、粉色等，其中，多数餐厅为了整洁卫生，常使用白

图 2-34

色台布。按台布的形状分，有正方形台布和长方形台布。

B. 台布的规格。正方形台布的规格一般为 160 厘米 ×160 厘米，长方形台布的规格有 160 厘米 ×200 厘米和 180 厘米 ×300 厘米两种。

（2）西餐台布铺设方法及要求

①铺台布的准备工作。铺台布之前，首先应将所需餐椅按就餐人数摆放于餐台的四周，要求椅子面前沿与桌子的边沿相切，对准备铺用的每块台布进行仔细的检查，发现有残破、油渍和皱褶的台布则不能继续使用。最后，应根据餐厅的装饰、布局确定席位。操作时，餐厅服务员站立于餐台长侧边，将选好的台布放于餐台上。

②台布铺设方法。西餐铺台布的方法有两种：

第一种方法：铺台布时，餐厅服务员站立于餐台长侧边，将台布横向打开，双手捏住台布的一侧，将台布送至餐台另一侧，然后将台布从餐台另一侧向身体一侧慢慢拉，台布的正面向上，台布折叠线的凸线向上置于餐台的中心位置，四周下垂部分匀称。

第二种方法：餐厅服务员将主人处餐椅拉至右侧，站立在主人席前，距餐台约 30厘米，将选好的台布放于餐台上，用双手将台布打开后，贴着餐台平行推出去再拉回来。台布的正面向上，台布折叠线的凸线向上置于餐台的中心位置，四周下垂部分匀称。最后将主人位的餐椅送回原位。

③台布铺设要求。单张餐台台布铺设要求（如长方形餐台、正方形餐台）：台布正面朝上，十字中缝居中，台布四边或四角均匀下垂。

组合式长形餐台台布铺设要求（如一字形餐台、U 字形餐台、马蹄形餐台、T 字形餐台、E 字形餐台、梳子形餐台等）：若此台型采用多块台布，则多块台布中间折缝应成一直线，餐桌四周的台布缝边应对齐，不可长短不一，台布接缝处的压缝一律位于餐厅内侧，即从入口处看不到台布接缝。

（3）西餐餐用具介绍

①常见的西餐餐酒具。常见的西餐餐酒具包括：展示盘、面包盘、汤勺、主菜刀、主菜叉、鱼刀、鱼叉、开胃刀、开胃叉、甜品叉、甜品勺、水果刀、水果叉、黄油刀、黄油碟、咖啡勺、咖啡垫盘、咖啡杯、龙虾签、龙虾叉、蜗牛叉、蚝叉、水杯、红葡萄酒杯、白葡萄酒杯、饮料杯、香槟杯、啤酒杯、白兰地杯、利口杯等。西餐餐具中的刀、叉、匙品种多样。

②常见的西餐用具。常见的西餐用具包括花瓶、烛台、调味用具、菜单、洗手盅、酒篮、冰桶等。

（4）西餐摆台的分类及摆放要求

西餐摆台要领：展示盘摆在席位正中，左叉右刀，叉齿朝上，刀口朝盘，各种餐具横竖成线，餐具与菜肴配套。如图2-35所示。

①早餐摆台。展示盘摆放在席位的中间，展示盘左边放叉，右边放刀，刀刃向左，叉尖向上。餐叉左侧摆面包盘和黄油刀，黄油刀放在面包盘中轴线右侧1/2处，刀口朝盘心。黄油碟放在黄油刀的上方。咖啡杯放在餐刀的右侧，咖啡杯倒扣于咖啡垫碟中，用时翻转过来，咖啡杯柄和咖啡

图 2-35

勺把朝后。将折好的餐巾花放于盘中。花瓶、烛台、调味用具等物品放于餐台中心位置。

②午餐和晚餐摆台。展示盘摆放在席位的中间，展示盘左边放叉，右边放刀，刀刃向左，叉尖向上。餐叉左侧摆面包盘和黄油刀，黄油刀放在面包盘中轴线右侧1/2处，刀口朝盘心，黄油碟放在黄油刀的上方。水杯放于餐刀上方，汤勺放于餐刀的右侧，将折好的餐巾花放于盘中，花瓶、烛台、调味用具等物品放于餐台中心位置。如图2-36和图2-37所示。

图 2-36

图 2-37

71

③宴会摆台。

A.铺台布。铺一字形餐台时，服务员应站在餐台的长侧边，将台布横向打开，要求台布的中凸线向上置于餐台的横向中心，四周的下垂部分长短均匀。对于大型的西餐台和异型西餐台需要两人或多人合作，用几块西餐台布拼接铺设，要求从餐厅里侧向外铺，使台布接缝朝里，协调一致。一般宴会台不设置台裙，在自助宴会台、宴会展示台等处经常铺设，有的高档宴会设台裙或台旗。

B.拉椅定位。两椅中心对准台布中心线，侧椅间距均匀，两两相对。椅面的前边与下垂台布相切。

（5）展示盘

徒手将盘放在餐位正中，手势规范，盘边距桌边约2厘米，一次到位。如图2-38所示。

A.餐刀、餐叉、汤匙。主餐刀置于装饰盘的右侧1.5厘米处，刀柄与餐台边线垂直，并距其2厘米。鱼刀置于主餐刀右侧1.5厘米处，距桌边5厘米。汤勺置于鱼刀右侧1.5厘米处，距桌边2厘米。色拉刀置于汤勺右侧1.5厘米处，距桌边2厘米。所有刀具的刀口均朝向展示盘。主餐叉置于装饰盘左侧1.5厘米处，叉柄与餐台边线垂直，并距其2厘米。鱼叉置于主餐叉左侧1.5厘米处，距桌边5厘米。色拉叉置于鱼叉的左侧1.5厘米处，距桌边2厘米。所有叉具的叉口向上。

B.面包盘、黄油刀。开胃叉左侧2厘米处放面包盘，盘心与展示盘盘心在同一直线上。黄油刀放在面包盘中轴线右侧约1/2处。

C.甜品叉、匙。展示盘的正上方2厘米处各放一把甜品叉和甜品匙，甜品叉在下，甜品匙在上，尖叉朝右，匙尖朝左，叉匙的间距为1.5厘米。

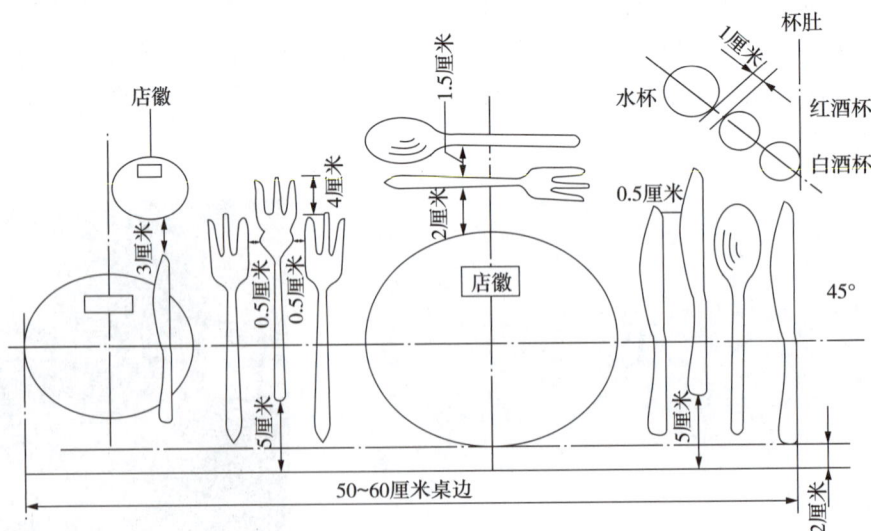

图 2-38

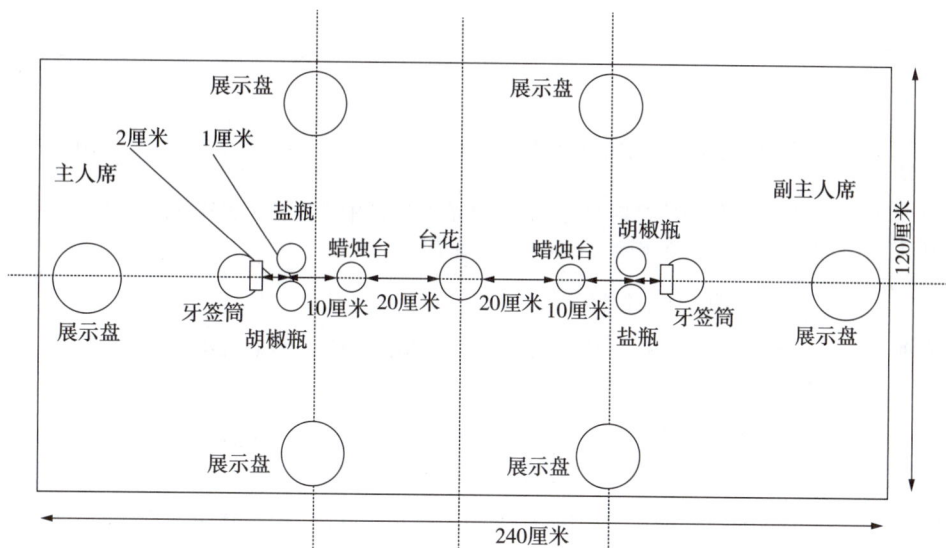

图 2-39

D. 水杯、红葡萄酒杯、白葡萄酒杯。白葡萄酒杯放在开胃刀刀尖上方 3 厘米处，红葡萄酒杯放在白葡萄酒杯的左侧，水杯放在红葡萄酒杯的左侧，三杯杯肚间距 1 厘米，三杯杯心连成一条斜线，与桌边呈 45° 夹角。

E. 公共餐用具。花台或花瓶放在餐桌中心。沿台布中凸线在花瓶左右两侧 20 厘米处各放一只烛台。烛台外侧 10 厘米处放盐瓶、胡椒瓶和牙签筒，盐瓶和胡椒瓶并排垂直于中凸线，盐瓶、胡椒瓶上的字分别朝向正、副主人，与牙签筒呈三角形，间距为 1 厘米。如图 2-39 和图 2-40 所示。

图 2-40

表 2-6　6 人位西餐宴会摆台考核评价标准

项　目	考核评价标准	分值 / 分	得分 / 分
台布（7 分）	要求一次完成，两次扣 0.5 分，三次及以上不得分	3	
	台布定位准确，十字居中，下垂均等，台面平整，整齐美观	4	
装饰布（3 分）	装饰布长短合适，平整下垂均等（装饰布平铺在台布上面）	3	
装饰盘定位（15 分）	装饰盘定位准确且间距均匀，图案对正，持拿讲究卫生	15	
其他餐具（25 分）	摆放均匀准确，达到摆放标准，持拿讲究卫生	25	
餐巾折花（15 分）	巾花挺拔，造型美观，款式新颖，操作手法卫生，餐巾花观赏面朝向客人，主人位突出	15	

续表

项 目	考核评价标准	分值/分	得分/分
公用餐具 （10分）	餐桌中心位置对齐，摆放整齐美观	10	
餐椅归位 （5分）	从主人位开始拉椅归位，座位中心与餐碟中心对齐，餐椅之间距离均等，餐椅座面边缘距台布下垂部分1厘米	3	
	手势正确，体现礼貌	2	
托 盘 （5分）	操作过程中动作手法规范、娴熟、敏捷、声轻，姿态优美，能体现岗位气质	5	
综合印象 （15分）	在规定时间内完成（15分钟）	5	
	台面摆放整体美观，便于使用，具有艺术美感	5	
	操作过程中动作手法规范、娴熟、敏捷、声轻，姿态优美，能体现岗位气质	5	
总 分		100	

2.3.5　摆台注意事项

①仪容仪表与卫生：着装、化妆、饰物和头发等符合要求，操作时动作轻盈，神态自然，持拿讲究卫生。

②铺设台布时，要一次到位，避免反复。

③托盘姿势正确，不搁臂，不碰胸、腰。操作时，托盘要拉开、端稳，行走轻松自然。

④摆放餐用具前，应检查是否有破损，如有，应及时更换。

⑤操作顺序，从主位开始，顺时针依次摆放。

⑥餐用具的持拿方法应正确，持碗碟的边缘、筷勺的把部、杯底、杯座处，强化卫生意识。

⑦摆放餐具如有图案，必须正面朝上或朝向客人。

⑧摆放餐具时，应注重整体效果，清洁卫生，布局合理，美观大方。

2.3.6　宴会席位安排

宴会座次安排，即根据宴会的性质、主办单位或主人的特殊要求，根据出席宴会的客人身份确定其相应的座位。座次安排必须符合礼仪规格，尊重风俗习惯，便于席间服务。

1）中餐宴会

（1）10人正式宴会座次安排

台面置于厅堂正面，主人位于正对门的方向，副主人与主人相对而坐，主人的右左两侧分别安排主宾和第二宾，副主人的右左两侧分别安排第三宾、第四宾的座次。如图 2-41 所示。

（2）婚宴、寿宴

婚宴和寿宴的座次安排，应遵循中国传统的礼仪和风俗习惯，其一般原则是高位自上而下，自右而左，男左女右。如图 2-42 所示。

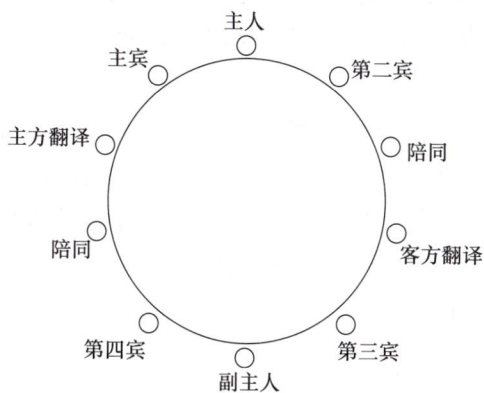

图 2-41

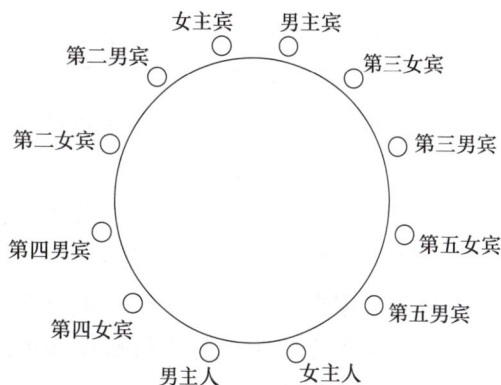

图 2-42

2）西餐宴会

西餐习惯男女穿插安排位次，如以女主人为标准，主宾在女主人右侧，主宾夫人在男主宾右侧，也可以根据客人的习惯，把主宾夫人和主宾安排在一起。如图 2-43 和图 2-44 所示。

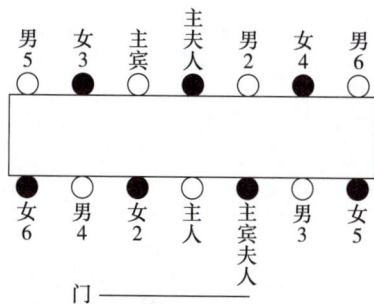

图 2-43

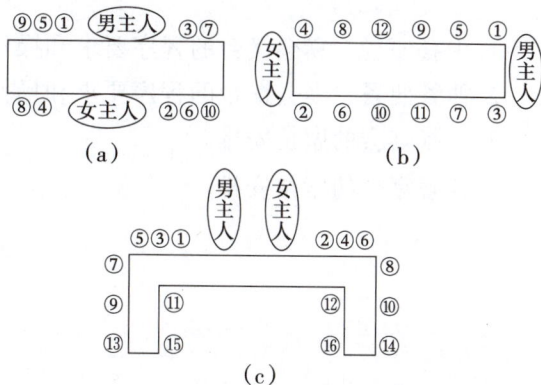

图 2-44

西餐宴会多采用长台，大型宴会除主台可采用圆台外，其余均采用长台。宴会采用哪种台型，如何分布餐台，要根据主办单位的需要，参加宴会的人数多少，宴会的规格及宴会厅的面积来设计台型。常见的宴会台型有一字形、T字形、E字形、U字形、回字形等。

技能训练步骤

1. 物品准备。

（1）中餐：以10人标准宴会台所需物品为例，200厘米圆台餐桌1张，转台1个，餐椅10把，餐台插花1盆，台布1块，餐巾10块，餐碟10个，筷架10个，筷子12双，味碟10个，汤碗10个，汤勺12把，葡萄酒杯10个，白酒杯10个，水杯10个，牙签筒2个，烟灰缸5个。

（2）西餐：以6人标准宴会台所需物品为例，长方形西餐桌1张，餐椅6把，台布2块，主餐刀和叉各6把，鱼刀和叉各6把，色拉刀和叉各6把，汤勺6把，面包盘6个，黄油刀6把，甜点叉和匙各6把，水杯6个，红葡萄酒杯6个，白葡萄酒杯6个，餐巾6块，花瓶1个，烛台2个，盐瓶2个，椒瓶2个，烟灰缸2个。

教师根据摆台的操作程序分阶段进行示范操作。

2. 学生以小组为单位进行操作和训练。

3. 小组中1人摆台练习，1人辅助准备物品，另外2人参照考评标准进行评议和纠错，以此轮流练习。

4. 教师根据学生学习和训练的情况进行巡回检查指导。

5. 为提高学生的学习兴趣，可以开展以小组为单位的分程序和全程的操作竞赛。

6. 掌握摆台程序后，再进行摆台速度与质量的训练。

想想、练练

1. 中餐便餐、宴会摆台的程序要求和操作练习。

2. 西餐便餐、宴会摆台的程序要求和操作练习。

3. 中餐宴会的席位安排。

4. 西餐宴会的席位安排。

主题 4　斟酒训练

技能训练目标

　　了解酒水的相关知识，掌握酒水服务的动作要领、步骤、方法、标准，并能熟练进行斟酒服务。

理论知识点

2.4.1　酒水知识

　　酒水是酒精饮料和非酒精饮料的总称。酒精饮料是一种用粮食、果品等含糖类的物质经发酵制成的含乙醇的饮料。非酒精饮料俗称软饮料，主要有碳酸饮料和非碳酸饮料。如图 2-45 所示。

图 2-45

1）酒精饮料

（1）酒精饮料的特性

　　酒精饮料的主要成分是乙醇。乙醇无毒，但能刺激人的神经，促进血液循环。血液中乙醇含量超过一定比例时，也会引起中毒。乙醇的重要物理特征是：在常温下呈液态，无色透明，易燃，易挥发，溶于水，细菌在乙醇内不易繁殖。

　　乙醇的含量用酒精度数来表示。在国际酿酒业中，规定温度为 20 ℃时，乙醇含量的百分比为酒精度数，简称"酒度"。例如，某种酒在 20 ℃时，含乙醇 26%，则酒精度数为 26 度，表示为 26%（V/V）。

　　酒的酿造过程分为发酵和蒸馏两种。酒精的汽化温度为 78.3 ℃，只要将发酵过的原料加热到这个温度，就能获得气体酒精，冷却后就是液体酒精。

　　（2）酒精饮料的功能及分类

　　①功能。酒是世界四大饮料之一，具有多种功效，为古今中外人们所喜爱。酒精

饮料的主要功能有：

A.由于酒中含有各种醇类物质，对人的神经有刺激作用，因此，适量饮用可起到兴奋神经、舒筋活血、驱寒发热、消除疲劳的作用。

B.由于酒精饮料中含有糖、蛋白质、盐类和丰富的维生素等物质，因此，酒精饮料具有一定的营养价值。

C.酒在酒席及宴会中具有重要地位。

D.白酒、黄酒在烹调中也广泛使用，不仅可以去腥去腻，而且可以增加菜肴的美味。

E.酒在人们的社会交往中也扮演着重要角色，如借酒而言、借酒而观其性、边饮边谈等。

酒虽有很多好处，但是物极必反，若饮用过度也会伤身。因此，好酒还需善饮、适饮。

②分类。

A.按制造方法分类。

a.发酵酒。常用的有葡萄酒、啤酒、水果酒、黄酒、米酒等。

b.蒸馏酒。常用的有金酒、威士忌、白兰地、朗姆酒、伏特加酒、特基拉酒和中国白酒。

c.配制酒。主要有中国配制酒（药酒）和国外配制酒（开胃酒、甜食酒、餐后酒）。

B.按配餐、饮用方式分类。

a.餐前酒。也称开胃酒，在餐前饮用，有助于刺激胃口，增强食欲。餐前酒主要以蒸馏酒或葡萄酒为原料，加入植物的根、茎、叶、药材、香料等配制而成。

b.佐餐酒。在用餐时与食物一起享用，是西餐配餐的主要酒类，包括红葡萄酒、白葡萄酒、玫瑰红葡萄酒和汽酒。

c.甜食酒。一般是佐助甜食时饮用的酒品，主要用葡萄酒和葡萄蒸馏酒配制而成，口味较甜。

d.餐后甜酒。又称利口酒，是餐后饮用的酒，主要是用烈性酒加各种配料（树根、果皮、香料等）配制而成，有助于消化。

e.混合饮料。一般是两种以上的酒水混合饮用，也可以是配制好的鸡尾酒，通常在餐前饮用或在酒吧饮用。

C.按商业经营分类。

中国酒通常采用商业经营的分类方法，将酒分为下列5类：

a.白酒。白酒是以谷物如高粱、玉米、大米、糯米、大麦为原料的蒸馏酒，酒度数较高。其特点是无色透明，质地纯净，醇香浓郁，味感丰富。

b. 黄酒。黄酒是中国生产的传统酒类，是以稻米、糯米、大米、玉米、黍米等为原料的酿造酒，因其酒液颜色黄亮而得名。其特点是醇厚幽香，味感谐和，越陈越香，营养丰富。

c. 果酒。果酒是以水果、果汁等为原料的酿造酒，大都以果实名称命名，如葡萄酒、山楂酒、苹果酒、蜜桃酒等。其特点是色泽娇艳，果香浓郁，酒香醇美，营养丰富。

d. 药酒。药酒是以成品酒（以白酒居多）为原料加入各种中草药浸泡而成的一种配制酒。药酒是一种具有较高滋补、营养和药用价值的酒精饮料。

e. 啤酒。啤酒是以大麦、啤酒花等为原料的酿造酒。啤酒具有显著的麦芽和酒花清香，味道纯正爽口，营养价值较高，能增进食欲，帮助消化。

（3）发酵酒

发酵酒又称原液发酵酒或酿造酒。它是以富含糖质、淀粉质的果类、谷类等为主要原料，将其发酵后直接提取或采取压榨法获取的酒。发酵酒的乙醇含量一般不超过 15%（V/V），酒度不高，主要包括葡萄酒、啤酒、黄酒等。

①葡萄酒。葡萄酒是用新鲜的葡萄汁发酵制成的。葡萄酒乙醇含量通常为 8%（V/V）～ 14%（V/V）。葡萄酒是欧美人喜欢饮用的一种低酒精饮料，主要是用餐时与食物一起享用，因此葡萄酒也被称为佐餐酒。如图 2-46 所示。

世界上最著名的葡萄酒生产国有法国、德国、意大利、西班牙、美国等。

A. 葡萄酒的种类。葡萄酒的分类方法主要有以下几种：

a. 按酒的颜色分为红葡萄酒、白葡萄酒、玫瑰葡萄酒。

b. 按葡萄酒的含糖量分为干型葡萄酒（含糖量在 0.5% 以下，口感酸而不甜），半干型葡萄酒（含糖量在 0.5% ～ 1.2%，口感有微弱的甜味），半甜型葡萄酒（含糖量在 1.2% ～ 5%，口感较甜），甜型葡萄酒（含糖量在 5% 以上，口感很甜）。

图 2-46

c. 按含气的状态分为静态葡萄酒（指不含二氧化碳气体的葡萄酒）和起泡葡萄酒（是在葡萄酒中用人工方法加入二氧化碳气体，从而形成葡萄汽酒）。

B. 葡萄酒的酿造。

a. 白葡萄酒。白葡萄酒用白皮葡萄、青皮葡萄或紫葡萄去籽、去皮后再压榨取汁，经过自然发酵酿制而成，一般贮存 2 ～ 5 年即可饮用，酒液呈淡黄色。白葡萄酒具有

怡爽清香、健脾胃、去腥味的特点，最佳饮用温度为 8 ~ 12 ℃，与海鲜、贝类配饮更佳。

b.红葡萄酒。红葡萄酒是用红皮葡萄或紫葡萄连皮带籽一起压榨取汁，经过自然发酵，贮存 4 ~ 10 年而成。酒液呈紫红色或宝石红色。红葡萄酒分为强烈、味浓和清淡 3 种口味，一般在室温下饮用，或与肉食配饮。

c.玫瑰葡萄酒。玫瑰葡萄酒在酿制时，有的采用将紫葡萄榨汁，连皮一起发酵并在发酵中除去葡萄皮的方法。有的采用将紫葡萄和青葡萄混合在一起榨汁发酵的方法。有的采用在酿制白葡萄酒中浸入紫葡萄皮的方法。所以，酒液呈玫瑰色，一般贮存两三年即可饮用。玫瑰葡萄酒不甜且粗烈，与白葡萄酒一样在低温下饮用，可与任何种类的菜肴食物配饮。

d.葡萄汽酒、香槟酒。葡萄汽酒是以葡萄为原料，含有二氧化碳而使之产生气泡的酒，其中，香槟酒是最具代表性的汽酒。法国法律规定，只有在位于巴黎东北方约200 千米处的香槟地区，采用特定的葡萄品种和生产方法生产的起泡酒，才能叫香槟酒，这也是香槟酒名字的由来。

香槟酒液呈淡琥珀色，斟酒后略带白沫，细珠串腾，色泽透亮，果香十足，杀口力强，是欧美宴会、酒会、庆祝胜利时的必备酒品，一般冰镇后饮用。因为冰镇可将二氧化碳气体稳定在酒液内，开瓶时酒液不致溢出，还可使酒品更加清凉爽口。

②谷物酒的酿造。谷物酿造酒的原材料主要是谷物类，如麦芽、糯米、大米等。谷物酿造酒的制作原理是将谷物中含的淀粉水解生成麦芽糖，需要加入酵母发酵，才能制成酒。典型的谷物酿造酒有啤酒、黄酒和日本清酒。

图 2-47

A.啤酒。啤酒（Beer）是以大麦为原料、啤酒花为香料经发酵酿制而成的一种含有二氧化碳气体、气泡，酒度在1.2%（V/V）~ 8.5%（V/V）的酒。啤酒具有显著的麦芽和酒花清香，口味清爽纯正，深受人们喜爱。在欧美一些国家和地区，啤酒被认为是一种饮料。啤酒中的营养物质非常丰富，容易被人体吸收，所以被称为"液体面包"。如图 2-47 所示。

a.啤酒的分类。

第一，按有无杀菌（酵母菌）可分为生啤酒和熟啤酒两种。生啤酒也称鲜啤酒或扎啤，即散装啤酒，是指不经加热杀菌处理而直接入桶密封，保持了原有的风味，口味较鲜美，营养丰富，但稳定性较差，极易变质，其保存期为 3 ~ 7 天。熟啤酒，即瓶装或罐装啤酒，酿成的啤酒经过加热杀菌处理，稳定性较好，保存期较长，一般为 2 ~ 6 个月，但口味和营养价值不如生啤酒。

第二，按啤酒的色泽可分为黄啤酒和黑啤酒。黄啤酒是啤酒的主要品种，酒液呈浅黄色或浅棕色。黑啤酒呈咖啡色或棕黑色。

第三，按麦芽汁浓度可分为低浓度啤酒、中浓度啤酒和高浓度啤酒。低浓度啤酒，麦芽汁的浓度为 6% ~ 8%，酒精含量 2%（V/V）左右，稳定性较差，保质期短，适合夏天饮用。中浓度啤酒，麦芽汁的浓度为 10% ~ 12%，酒精含量 3.5%（V/V）左右，我国生产的啤酒大多属于这一类。高浓度啤酒，麦芽汁的浓度为 14% ~ 20%，酒精含量 5%（V/V）左右，稳定性强，保质期较长。

b. 中外啤酒简介。

第一，中国啤酒。中国啤酒的产量和质量均居世界前列，著名品种有山东青岛啤酒、北京燕京啤酒、广东珠江啤酒、黑龙江哈尔滨啤酒等。

第二，外国啤酒。著名品种有荷兰喜力、德国卢云堡和贝克、丹麦嘉士伯、爱尔兰健力士、美国百威、日本麒麟、新加坡的虎牌等。

B. 黄酒。

a. 浙江绍兴加饭酒。加饭酒是绍兴黄酒中最具风味的一个品种，已有 2 300 多年的历史。它以上等糯米、优质小麦、鉴湖水为原料，加入酒麯后用摊饭法发酵酿制而成。加饭酒需在缸或坛中密封陈酿，陈酿期越长，酒质越好。加饭酒色泽橙黄清澈，香气馥郁芬芳，滋味甘甜醇厚，营养极为丰富，酒度为 16%（V/V）~ 17%（V/V），含糖量为 2%，有古越龙山、会稽山等品牌。

b. 福建龙岩沉缸酒。沉缸酒产于福建省龙岩市，是以精白糯米为原料，加入红麯和药麯后发酵酿制而成。福建龙岩沉缸酒也需陈酿（一般为两年以上）。沉缸酒香气浓郁，口味醇厚，余味绵长，酒度为 14%（V/V）~ 16%（V/V），含糖量为 22.5% ~ 25%。

黄酒加温后饮用，常根据客人喜好，搭配话梅、姜丝、鲜鸡蛋或橙皮，口味尤佳。

（4）蒸馏酒

蒸馏酒是在发酵酒的基础上，经过一次或多次的蒸馏过程提取的高酒度酒液。其特点是酒精度较高，营养价值偏低，对身体刺激较大。蒸馏酒通常指酒精含量 40%（V/V）以上的烈性酒。

①中国的蒸馏酒。又称"白酒"或"烈酒"，中国的白酒生产历史悠久，品种繁多，因原料和生产工艺的不同而形成了众多香型。如图 2-48 所示。

图 2-48

A. 种类。

a. 清香型。清香型白酒的特点是清香纯正，醇甘柔和，诸味协调，余味净爽，如山西汾酒。

b. 浓香型。浓香型白酒的特点是芳香浓郁，甘绵适口，香味协调，回味悠长，如四川泸州老窖特曲。

c. 酱香型。酱香型白酒的特点是香气幽雅，酒味醇厚，柔和绵长，杯空留香，如贵州茅台酒。

d. 米香型。又称蜜香型。米香型白酒的特点是蜜香清柔，幽雅纯净，入口绵甜，回味怡畅，如广西桂林三花酒。

e. 兼香型。兼香型白酒的特点是一酒多香，即兼有两种以上主体香型，故又被称为混香型或复香型，如贵州董酒。

B. 中国八大白酒简介。

a. 茅台酒。茅台酒产于贵州省仁怀市茅台镇。酒度有 53%（V/V），43%（V/V），33%（V/V）。酒液清亮透明，入口醇香馥郁，酱香突出，幽雅细腻，郁而不猛，香气持久，回味绵长。酒香属酱香型。茅台酒被誉为"玉液之冠"，具有 70 多年的历史，多次被评为全国名酒，曾在 1915 年巴拿马万国博览会上被评为世界名酒。

b. 汾酒。汾酒产于山西省汾阳县杏花村，酒度分别有 60%（V/V），54%（V/V），38%（V/V），属清香型。酒液清澈透明，清香雅郁，柔绵甘洌，余味净爽，回味悠长，素有色、香、味"三绝"之杏花村的酿酒业已有 1 500 多年的历史。唐代大诗人杜牧曾在诗中盛赞杏花村美酒，留下了"借问酒家何处有，牧童遥指杏花村"的千古名句。汾酒多次被评为全国名酒，1915 年在巴拿马万国博览会上获金奖。

c. 五粮液。五粮液产于四川省宜宾市，选用岷江江心之水，采用陈年老窖发酵，精心酿制。酒度有 60%（V/V），52%（V/V），39%（V/V）。五粮液酒液清澈透明，喷香扑面，留香不绝，醇厚净突，回味悠长。1979 年，酒厂推广优选法，保存了此酒的"香、醇、甜、净四美皆备"的特点。

d. 剑南春。剑南春产于四川省绵竹市，酒度有 60%（V/V），52%（V/V），39%（V/V），属浓香型。剑南春酒液无色透明，芳香浓郁，醇和回甜，清冽净爽，余香悠长。

e. 古井贡酒。古井贡酒产于安徽省亳州市，酒度有 60%（V/V）~ 62%（V/V），属浓香型。明清两代均被列为贡品，故得此名。古井贡酒酒液清澈透明，香醇幽兰，甘美醇和，回味悠长，多次被评为全国名酒。

f.洋河大曲。洋河大曲产于江苏省宿迁市，酒度有 60%（V/V），55%（V/V），38%（V/V），属浓香型。洋河大曲酒液清澈透明，醇香浓郁，柔绵甘冽，质厚味鲜，回香悠长，余味净爽。洋河大曲已有 300 多年的历史，曾多次被评为全国名酒。目前，洋河大曲还有 18%（V/V），28%（V/V），38%（V/V）的"三八"系列低度酒。

g.董酒。董酒产于贵州省遵义市，酒度有 58%（V/V）～ 60%（V/V）等多种，属兼香型酒。董酒酒液晶莹透亮，醇香浓郁，既有大曲酒的浓郁芳香、甘冽爽口，又有小曲酒的柔绵、醇和、回甜的特点。

h.泸州老窖特曲。泸州老窖特曲产于四川省泸州市，酒度有 60%（V/V）等多种，属浓香型。泸州老窖特曲酒液无色透明，醇香浓郁，清冽甘爽，回味悠长，被誉为"浓香正宗""酒中泰斗"。

②外国蒸馏酒。

A.白兰地（Brandy）。白兰地是以葡萄或其他水果为原料经发酵、蒸馏而得的酒。以葡萄为原料制成的白兰地可仅称为白兰地，而以其他水果为原料制成的白兰地必须标明水果名称，如苹果白兰地、樱桃白兰地等。新蒸馏出来的白兰地须盛放在橡木桶内使之成熟，并应经过较长时间的陈酿（如法国政府规定至少 18 个月），白兰地才会变得芳郁醇厚，并产生其色泽。白兰地的储存时间越长，酒的品质越佳。白兰地的酒度为 43%（V/V）。

图 2-49

B.威士忌。威士忌是以谷物为原料经发酵、蒸馏而得的酒。世界很多国家和地区都有威士忌生产，以苏格兰威士忌最负盛名。按惯例，苏格兰、加拿大两地的威士忌书写为 Whisky，其他国家和地区的威士忌书写为 Whiskey，但在美国，两者可通用。威士忌的酒度为 40%（V/V）。

C.伏特加。伏特加是以土豆、玉米、小麦等原料经发酵、蒸馏后精制而成。伏特加无须陈酿，酒度为 40%（V/V）。伏特加是俄罗斯和北欧寒冷国家十分流行的烈性饮料，"伏特"是俄语"水"的意思，"伏特加"是俄罗斯人对水的昵称。

D.朗姆酒。朗姆酒是以蔗糖汁或蔗糖浆为原料，经发酵和蒸馏加工而成的酒，有时也用糖渣或其他蔗糖副产品做原料。新蒸馏出来的朗姆酒必须放入橡木桶陈酿 1 年以上，酒度为 45%（V/V）。

E.金酒。金酒又称琴酒、毡酒或杜松子酒，是以玉米、麦芽等谷物为原料，经发酵、蒸馏，加入杜松子和其他一些芳香原料再次蒸馏而得的酒。金酒无须陈酿，酒度为 40%（V/V）～ 52%（V/V）。

F. 特基拉。特基拉为墨西哥的一个小镇，因产酒而闻名。特基拉酒采用龙舌兰为原料，故又被称为龙舌兰酒。将新鲜的龙舌兰汁加糖发酵后经两次蒸馏，酒度达到52%（V/V）~ 53%（V/V），香气突出，口味猛烈，新蒸馏出来的特基拉需放在木桶内陈酿，也可直接装瓶。特基拉酒可净饮或加冰块饮用，也可用于调制鸡尾酒。在净饮时，常用柠檬角蘸盐伴饮，以充分体验特基拉的独特风味。

如图 2-49 所示。

2.4.2　酒水服务

斟酒服务是餐饮服务工作中的基本服务技能之一。餐厅服务员娴熟、规范、优美的斟酒动作，不仅能体现餐厅服务员的技术水平，而且能使客人在精神上得到享受。

1）点酒水的基本程序和要求

（1）准备工作

在点酒水之前，要了解本企业的酒水供应情况、价格变化和重点推销品种，作点酒水单准备。

（2）询问并接受点酒水

当客人点好菜点后，应及时询问是否要求点酒水，并主动呈上酒水单，介绍餐厅供应品种和主要推销酒水品种，主动、耐心地当好客人的参谋，自然、恰当地给客人提供建议，以最佳的服务状态达到最满意的销售效果。

图 2-50

（3）复述、确认

把客人所点酒水的内容复述一遍，请客人确认。

（4）礼貌致谢，及时下单

点酒水完毕，要及时向客人致谢。同时，要做到填写酒水单的字迹工整，所有项目应按照要求填写完整，客人的特殊要求一定要注解清楚，并及时向酒吧（酒水服务台）下单，按客人要求准备好酒水。如图 2-50所示。

2）餐厅酒水服务和推销技巧

（1）积累服务基本功

①养成记住客人姓名和爱好的习惯，区分客人的类型，以便顾客日后再光临时提供优质服务和方便推销。

②熟记饮料、酒水名称，通晓所推销的饮品的品质、口味和营养特点。

③熟记酒水价格，为客人提供选择建议。

④做好餐间斟酒服务，保证客人酒杯处于满杯状态。

（2）掌握常用推销技巧

①根据客人类型重点推销。根据包间类型、客人类型，先推荐高价位酒水，后推荐中低价位酒水，为男士推荐洋酒、红酒或者啤酒，为女士推荐饮料等。

②根据客人的反应合理推销。服务员介绍和推销后客人的反应十分重要。若客人反应明确，则征询所点酒水的数量。若客人犹豫不定，则主动引导客人，帮助客人拿主意，期间不可忽视女性客人，对她们应热情并主动介绍，并兼顾主人和主宾的需求，尽可能达到和谐。

③根据就餐进程适时推销。客人就餐过程中也是推销的好机会。这时的推销更要注意适时、适量，要恰到好处，否则容易弄巧成拙。

④根据不同情况有效推销。介绍单项酒的品种时，要注意礼貌用语和二选一推销结合使用，如："先生/女士，我们的啤酒有1号和2号，请问您是需要1号还是2号？"

⑤推销时，要注意身体语言的配合。与客人讲话时，目光注视对方，以示尊重。上身微倾，尽量靠近客人讲话，不要距离太远。客人讲话时，随时点头附和，以示听清；若没有听清，说声："对不起，麻烦您再说一遍。"

回答客人疑问要准确、流利。含糊其辞的回答，会使客人怀疑餐厅所售酒水的价格、质量。在语言上也不允许用"差不多""也许""好像"等词语。酒水服务是比较频繁的服务，无论中餐西餐，都必须提供斟酒服务。

3）酒水服务程序

（1）准备酒水

①冰镇。白葡萄酒饮用温度为 8～12 ℃，葡萄气酒为 6～8 ℃，啤酒为 8～10 ℃。

A. 冰桶冰镇。将酒瓶放入冰桶中10分钟左右，连同一起架在餐桌一侧。

B. 冰箱冰镇。啤酒等需放入冰箱。

C. 溜杯。对杯子进行降温处理。服务员手持杯的杯炳，放入冰块，要转杯子，降低温度，或将其直接放入冰箱冷藏。如图 2-51 所示。

图 2-51

②温热。有些酒水在饮用前需要将酒的温度升高以使酒味更加香醇，如中国的黄酒和日本的清酒。温热酒水主要是水烫法，就是将黄酒或清酒

倒入烫酒壶中，再将烫酒壶放入热水温热至 60 ℃左右。

（2）准备酒具

图 2-52

为使酒水的特性得到更好地发挥，不同的酒水应使用形状不同的杯具，服务员应根据所点酒水准备相应的杯具。白酒对应白酒杯，葡萄酒对应玻璃杯，啤酒可以使用钢化玻璃杯。

（3）示酒

开瓶前，应向客人示酒。示酒时，站在客人右侧，服务员右手持瓶颈，左手轻托住酒瓶底部，呈 45°倾斜状态。商标朝上，请主人看清酒的商标，进行确认。确认后，进行下一步工作。如果没有得到确认，则去更换，直到满意为止。如图 2-52 所示。

（4）开瓶

待主人确认后，选用正确的开瓶器（酒刀、酒钻和开瓶器）和开瓶方法进行开瓶工作。如图 2-53 所示。

（5）斟酒

①斟酒姿势。姿势优美，工作娴熟。斟酒前，用干净的口布擦拭瓶口，再用布巾进行垫包，商标全部暴露在外，以便让客人确认。右手握瓶，即可进行斟酒服务，使用酒篮时，要防止酒液滴漏。

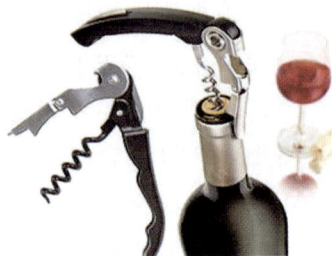

图 2-53

②持瓶姿势。持瓶姿势正确是斟酒准确、规范的关键。正确的持瓶姿势：右手叉开拇指，并拢四指，掌心贴于瓶身中部，酒瓶商标的另一方，四肢用力均匀，使酒瓶握稳在手中。

③斟酒站立。斟酒服务时，服务员应站在客人的右侧身后。规范的站立：服务员的右腿在前，站在两位客人的座椅中间，脚掌落地，左腿在后，左脚尖着地呈后蹬式，侧身面向客人，右手持瓶瓶口，在客人左后侧依次斟酒。如图 2-54 所示。

图 2-54

④斟酒时机。斟酒时机是指宴会斟酒的两个不同阶段：一个是指宴会前的斟酒；另一个是指宴会进行中的斟酒。

⑤斟酒方法。斟酒方法有两种：一是徒手斟酒；二是托盘斟酒。

A.徒手斟酒。徒手斟酒时，左手持餐巾，背于身后，右手持酒瓶中下部，酒标朝外，正对客人，右脚跨前踏在两椅之间，两脚可呈"T"字形站立，在客人右侧斟酒。如图 2-55 所示。

图 2-55

图 2-56

B. 托盘斟酒。托盘斟酒时，左手托盘（国外服务员习惯用右手），站在客人右后侧，略弯身，先向其展示托盘内所备酒水，如图 2-56 所示。根据客人的需要，右手持瓶依次将酒水斟入客人杯中，如图 2-57 所示。

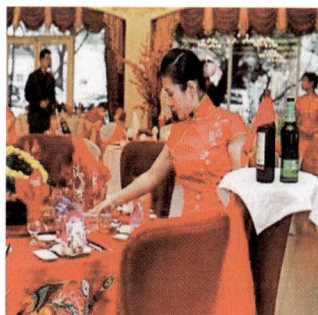

图 2-57

⑥斟酒的要领。

A. 斟酒时，瓶口不可搭在杯口上，以保持在 1 ~ 2 厘米为宜。

B. 当斟至适量时，抬高瓶口，使瓶身旋转 45° 后抽走，使最后一滴酒水随着瓶身的转动均匀地分布于瓶口，避免滴落到台面和客人身上。

C. 斟酒时，要时刻注意瓶内酒量的变化，以适当的倾斜度来控制酒水流出的速度。一般来说，瓶内的酒量越少，流速越快。如图 2-58 所示。

⑦斟酒标准。

A. 斟酒量标准。中餐在斟倒各种酒水时，一般以八分满为宜，以示对宾客的尊重。西餐斟酒不宜太满，一般红葡萄酒斟至酒杯的 1/2 处，如图 2-59 所示。白葡萄酒斟至 2/3 处，香槟酒先斟至 1/2，待泡沫平息后再斟至 2/3 杯。

B. 斟酒顺序。

图 2-58

图 2-59

a. 中餐斟酒顺序。一般在宴会开始前 10 分钟左右将烈性酒和葡萄酒斟好，宾客入座后，服务员应及时询问客人是否先喝些啤酒、橘子汁、矿泉水等饮料。

斟酒时，应从主宾位开始，再斟主人位，并按顺时针方向依次为客人斟酒。宴会上常有主宾祝酒讲话的场面出现，这时服务员应恭候在自己工作台旁站立端正，不可交头接耳，以保持宴会场内的安静。同时，注意宾客杯中的酒水，发现空杯，及时斟倒。

b. 西餐斟酒顺序。西餐宴会用酒较多，几乎每上一道菜都要配一种酒水，吃什么菜，配什么酒，应先斟酒后上菜。斟酒前，先请主人确认所点酒水，并请主人先行品尝，待主人确认后，按女主宾、女宾、女主人、男主宾、男宾、男主人的顺序依次斟倒。

4）不同酒水适宜饮用温度

（1）葡萄酒

不同的葡萄酒适宜的饮酒温度有所不同。白葡萄酒和桃红葡萄酒：8 ~ 12 ℃；香槟酒、汽酒和甜型白葡萄酒：6 ~ 8 ℃；新鲜红葡萄酒：12 ~ 14 ℃；陈年红葡萄酒：15 ~ 18 ℃。如图 2-60 所示。

图 2-60

（2）啤酒

啤酒是一种低酒度的饮料酒。比较适宜的饮用温度为 7 ~ 10 ℃，有的甚至在 5 ℃左右。

（3）白酒

一般是在室温下饮用，但是，稍稍加温后再饮用，口味更为柔和，香气也更浓郁。

（4）黄酒

适当加温后饮用，口味更佳，一般以不烫口为宜，这个温度为 45 ~ 50 ℃。

5）开瓶前要先给客人示酒（验酒）的意义

（1）可以避免差错

假如拿错了酒，验酒时经客人发现，可立即更换。否则，未经同意而擅自开酒，可能会遭到退回的损失。

（2）表示对客人的尊重

一般较为名贵的香槟、红酒、洋酒在客人饮用之前，不管客人对酒是否有认识，首先请客人验酒，以便客人确认，这也体现了对客人的尊敬。如图 2-61 所示。

（3）可以促进销售

验酒显示服务的周到与高贵，同时还可以起到促销的作用。如图 2-62 所示。

图 2-61

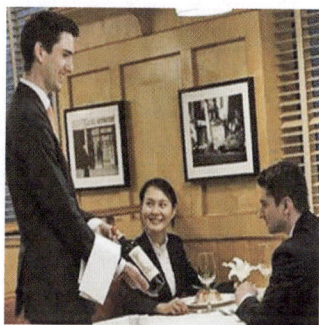
图 2-62

6）斟酒的注意事项

①在斟酒中，要面带微笑，姿势优美，注重"客人"的存在性。

②左手所持的餐巾要折叠整齐，不能胡乱抓捏，更不能将手搭放在椅背上。

③必须斟完一杯换一个位置，不能在同一个位置左右开弓，给左右客人斟倒。

④注意对酒瓶、酒杯等易碎物品的使用。托盘斟酒时，注意托盘的平稳度，以防所托酒水翻落，出现安全隐患。

表 2-7　徒手斟酒考核评价标准

考核项目	考核评价标准	分值/分	得分/分
斟酒姿势（40 分）	左手持服务巾，背于身后，面带微笑	10	
	右手握住酒瓶下半部，酒标朝向客人	10	
	右脚伸入两椅之间，在客人右后侧斟倒	10	
	瓶口距杯口 2 厘米，每斟完一杯旋转 45° 抽走擦拭瓶口	10	
斟酒顺序（10 分）	从主宾开始，按顺时针方向依次进行	10	

续表

考核项目	考核评价标准	分值/分	得分/分
斟酒量 （50分）	不滴不洒，不少不溢	20	
	斟酒量均匀，符合标准	30	
总　分		100	

表 2-8　托盘斟酒考核评价标准

考核项目	考核评价标准	分值/分	得分/分
斟酒姿势 （50分）	装盘符合要求，合理美观	10	
	左手托盘，略弯身，面带微笑，向客人展示所有酒水，然后将托盘托移至客人身后	10	
	右手取拿客人所需酒水，握住瓶身下半部，酒标朝向客人	10	
	右脚伸入两椅之间，在客人右后侧斟倒	10	
	瓶口距杯口 2 厘米，每斟完一杯旋转 45°	10	
斟酒顺序（10分）	从主宾开始，按顺时针方向依次进行	10	
斟酒量 （40分）	不滴不洒，不少不溢	20	
	斟酒量均匀，符合标准	20	
总　分		100	

技能训练步骤

1. 物品准备：餐桌 4 个，餐椅若干，啤酒瓶和葡萄酒瓶若干，托盘 8 个，水杯和葡萄酒杯若干，干净的口布 8 块等。

2. 教师按规范和要求示范徒手斟酒和托盘斟酒，同时强调斟酒的要领和注意事项。

3. 学生以小组为单位进行模仿操作和训练。

4. 小组中 2 人同时进行斟酒练习，1 人辅助准备物品，另外 2 人参照考评标准进行评议和纠错，以此轮流练习。

5. 教师根据学生学习训练的情况进行巡回检查指导。

6. 为提高学生学习兴趣，可以开展以小组为单位的分程序和全程的操作竞赛。

想想、练练

1. 徒手斟酒的程序、要领及操作练习。

2. 托盘斟酒的程序、要领及操作练习。

3. 斟酒的注意事项。

主题 5　点菜与上菜训练

技能训练目标

通过技能训练，学生具备点菜服务和菜肴推销的能力，掌握中餐上菜的操作要领，规范完成上菜的各项服务。

理论知识点

2.5.1　点菜服务

点菜服务是考验餐厅服务人员综合素质的关键服务环节，也是餐厅借此服务得到良好利润的关键。上菜是餐厅服务人员的基本功，是将菜肴按规格和一定程序托送上桌的一种服务方式。上菜不仅让客人适时品尝美味佳肴，也让客人领略美味佳肴中的饮食文化。

1）基本程序

（1）点菜的准备

营业前，服务员要准备好菜单、点菜单、笔等，做好准备工作，及时了解菜点供应的变化情况。

（2）接收点菜、提供建议

当客人入座后，服务员应及时向客人打招呼，热情有礼，面带微笑，并送上点菜单。如图 2-63 所示。

在客人点菜过程中，服务员应站在客人身侧，向客人推荐餐厅的特色菜肴和促销菜。当客人对菜肴的名称有疑问或想要了解菜肴特点时，服务员应作适当的介绍。当客人点菜过多时，应及时向其提出建议，避免浪费。如图 2-64 所示。

图 2-63

图 2-64

图 2-65

（3）记录内容、复述确认

接受客人点菜时，一般应端正站立在点菜客人的左边或选择合适的位置，在点菜单上做好记录。当客人表示点菜完毕后，应向客人重复一遍所点的菜肴，请客人确认，避免出错。如图 2-65 所示。

点菜单一般一式四份，一联交厨房备菜，一联给出菜口便于跑菜员上菜，一联交收银台，一联放客人处备查。

（4）礼貌致谢

点菜完毕后，应向客人表示谢意，并请客人稍等，及时将点菜单送至厨房。

2）菜点介绍注意事项

①菜点介绍要适度。

②菜点介绍要注意时间控制，精练明白，点到为止，切不可长篇大论，影响客人用餐。

3）如何为客人点菜

①点菜顺序：凉菜→热菜→汤→主食→酒水。

②点菜的基本原则：营养搭配、颜色搭配、承装器皿搭配、口味搭配、烹调方法搭配（南甜、北咸、东辣、西酸）。

③点菜的思路：投其所好，供其所需，激其所欲，补其所需，释其所疑。

④各个季节的菜肴品种调整方式：春酸、夏苦、秋辣、冬咸（春养、夏润、秋保、冬藏）。

4）如何推销菜肴

（1）抓住菜肴的特点介绍

一家餐厅，其制作的菜肴有许多品种，色香味形，各有不同。因此，介绍菜肴时不要千篇一律，包罗万象，机械地列举，背书式地介绍。在客人看菜单时，要抓住菜品的特点进行介绍，突出其"名气"。对于创新菜肴、系列菜肴，应突出介绍其新在何处，新旧菜肴间的联系，口味、原料、制法、价格等独到之处。语言要抓住重心，有针对性，使食客耳目一新，食欲大增。

（2）抓住菜肴发展状况介绍

任何菜在流行过程中，都要经过 3 个阶段，即试销期、热销期、保誉期。不同的时期介绍菜肴的语言有很大差别。如一种新菜肴的出现，像"私房菜""农家菜肴""新潮菜肴"等，介绍应突出其特色，包括来源、用料、制法、特点及影响力等方面，言简意赅，抓住要点，使食客在短时间内对此有所了解，并产生浓厚的兴趣。当某一菜肴处于热销期，则不必作详细的介绍，食客自会迅速作出品尝的决定。对于保誉期的菜肴，应介绍其质量稳定，使顾客产生信任感，达到推销的目的。

（3）根据食客的消费心理来介绍

一般食客在就餐时，可分为几种情况：一是追求物美价廉，以家常菜为主。在这种情况下，就以介绍寻常风味菜、中低档的大众化菜肴为好。二是朋友相聚，家人团圆，生日祝愿，以及商务活动的宴请等。介绍菜肴应以宴会菜、组合菜、系列菜为主，特别要着重介绍本酒店的特色菜。三是宣传新菜，如本店出现特色菜，不少食客闻名而来。介绍这些菜肴，要抓住客人的心理，介绍其用料、流行趋势、吃法、盛器等，以加深印象。又如老年人追求营养、健康、易消化、口味清淡，而年轻人推崇时尚菜肴，多爱吃新潮风味菜等。分清对象介绍菜肴，才能打动食客，达到促销的目的。如图 2-66 所示。

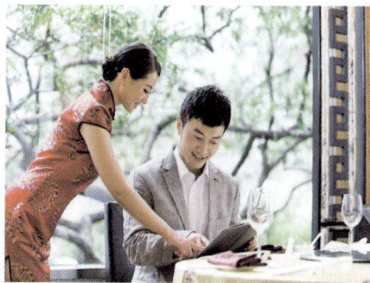

图 2-66

5）推荐菜肴的技巧

建议性地向客人推荐菜肴，不仅能让客人感到服务的细致周到，而且能给餐厅带来良好的收益。因此，服务员应掌握推荐菜肴的技巧。

（1）推荐菜肴要注意时机

当客人对餐厅菜肴不太了解、感觉为难时，可以适时向客人提出一些建议，或者吃西餐时，当客人点了主菜后，可建议客人搭配相应的色拉，也可以根据季节、客人年龄、性别、国籍等有针对性地向客人推荐。

（2）推荐菜肴要注意语气

推荐菜肴，要做到诚恳、适度、热情，不能使客人产生服务员在强制推销或者是为了给餐厅增加销售额，而应让客人感觉是从他们的角度出发，是站在客人的立场上来给他们提供服务。

（3）推荐菜肴要注意客人个性

不同性格的客人喜好也不一样。对于一些较为计较价格的客人，可推荐一些便宜的特色菜。而对于一些活泼、敢于尝试的年轻客人，则可推荐一些创新菜肴或特色菜肴。对于老年客人，应根据他们的情况推荐一些易入口、易消化的菜肴。

（4）推荐菜肴要注意用语

多使用建议语气，如"您来点甜点，如何？"同时，在推荐时，应多使用选择问句，少用是否问句。当问客人"请问要点海鲜吗？"客人通常会直接拒绝，而如果使用选择问句"您喜欢清蒸鲈鱼还是红烧鲈鱼？"可能会得到不一样的结果。

（5）推荐菜肴要注意艺术

如应用一些修饰用词来引起客人的食欲，例如，当推销龙虾时可向客人介绍"我建议您来点我们厨师秘制的火焰龙虾"，这样既能引起客人食欲，又能让客人产生好奇心。

6）推介菜品的注意事项

①自信是服务员最重要的素质之一，要充分相信自己，包括相信自己的工作能力，并将这种自信充分感染给顾客。这种自信来源于自身综合素质和能力的完善，以及对工作职责的充分了解。

②服务员要热爱自己的工作，要克服服务过程中的心理障碍，尤其要摒弃那些认为促销服务是比别人低一等的错误观念。服务只是社会分工不同而已。

③服务员必须诚实、诚恳，不弄虚作假，不能为追求一时的业绩，作虚假说明或不真实承诺，要让顾客感觉到你是在关心他、帮助他，是为他服务，是他的知心朋友，而不是哄骗他上当。让顾客首先从心理上接受你的观点。

④热情主动是我们任何工作的一项要求，对于服务工作来说尤为重要。我们的工作目的就是要别人接受我们良好的服务，不可以是一种被动的、等待上门的态势，不能等着顾客先来问我们，而应该积极主动，打破顾客的戒备心理。热情重在保持，不能因为顾客不喝我们的酒，态度就一下子变得冷冰冰。促销员也应该勤劳，不可以懒散、懒惰。

⑤注意各国宾客不同的宗教信仰、饮食习俗和生活习惯，如多数欧美客人不喜欢用动物内脏制作的菜肴。国内南方客人一般喜欢吃清淡、咸甜适中的菜肴，北方客人则喜欢带有辣酸口味的菜肴。消费能力高的客人喜欢吃广东菜，一般消费能力的客人对菜系的挑选就不甚明显。有许多客人来用餐是特地来品尝异地风味的，这时服务员要突出介绍本店拿手菜，相信大部分客人都会乐于品尝的。

7）为不同类型的客人介绍菜品的侧重点

（1）炫耀型

这类顾客好面子，情感较为丰富，易感情用事，好炫耀自己富有、慷慨。这类客人一般不考虑价格范围，不求快，只求好，求尊重。在介绍菜品时，应多介绍一些有特色的菜肴，数量少而精。同时，应注意操作方法、口味、色调和原料的搭配。

（2）茫然型

这类顾客不常外出，不太习惯在外就餐。需要就餐时不知道去哪家餐厅好，也不知道吃什么好，对就餐知识和经验较为缺乏。这些顾客进餐厅后，往往会环顾四周，看别人吃什么然后才决定。他们希望得到服务员的帮助，这时服务员应当好参谋，在服务中介绍一些餐厅的风味菜肴，但注意要把菜的风味、特色、原料加以介绍，使顾客对菜肴有所了解。另外，推销菜品时，应考虑一定的价格范围。

（3）老年顾客

这类顾客在饮食上要求嫩、烂、酥、松，容易消化，多汁松软性的菜肴。在服务过程中，要有耐心，不急不躁，可以向这类顾客推销一些口味清淡的菜肴和一些滋补炖品，如虾米烩豆腐、清蒸桂花鱼等。

（4）青年顾客

这类顾客在饮食上要求香、脆、爽，菜肴丰富多样，服务上要求迅速、及时。在服务过程中，要针对其特点给予介绍，如脆皮炸乳鸽、金沙蒜香骨等。

（5）少年儿童

这类顾客在饮食上要求新鲜、少骨无刺、造型美观的菜肴，还喜欢吃甜味菜等。根据这类顾客的特点，在服务时要主动关心。在推销服务中，可介绍符合以上要求的菜肴，如白灼虾、菠萝咕噜肉等。

2.5.2 中餐上菜

1）中餐上菜程序和规则

上菜顺序要按照地方习惯安排，一般顺序是先冷菜后热菜，先上海鲜、名贵菜，再上肉类、禽类、鱼类，接着是蔬菜、汤、面点，最后上水果。有些地方，如广东地区是先上冷菜再喝汤，后面才上其他热菜。中餐上菜根据不同的菜系，就餐与上菜顺序会稍有不同，但一般的上菜方式是先上冷菜便于佐酒，然后视冷菜食用的情况，适时上热菜，最后上汤菜、点心和水果。上菜时，应掌握正确的端盘方法：端一个盘子时，用大拇指紧贴盘边，其余四指扣住盘子下面，拇指不应该碰到盘子边的上部，更

图 2-67

不允许留下手印或者手指进入盘中，这样既不卫生又不礼貌。如图 2-67 所示。

（1）冷菜

①有时是客人预先订好的，在这种情况下有两种方法：

A. 在客人到来前预先上齐，在餐台上摆放好。

B. 客人到来后，上茶完毕立即上齐。

②如果客人来时现场点冷菜，应在开出菜单后 5 分钟上好冷菜以便佐酒。

（2）热菜

凉菜上齐后，要询问主人上热菜的时间，并按其要求的时间上菜，一般为一道一道地上。

（3）汤

汤一般需要服务人员进行分汤处理。

（4）主食点心

如客人所点的主食中有小吃、点心等，应穿插在上热菜的过程中，不必等到最后。一般在上第三道菜后即可上第一道小吃，以后可按热菜未上的数量和小吃的数量均衡穿插。

（5）果盘

果盘一般在热菜全部吃完后再上，为的是让顾客调剂一下口味。果盘是用水果进行造型摆盘后上桌的，是客人用餐的最后一道食品。上果盘一般有两种情况：一种由餐厅免费赠送；另一种是顾客在点菜时点要。

2）中餐上菜位置和姿势

中餐零点餐厅服务比较灵活，服务员应注意观察，以不打扰客人为原则，选择正确的位置。一般在与主人位成 90°的位置，即翻译或者陪同之间进行，如图 2-68 所示。也可以在副主人的右侧进行。严禁在主人和主宾之间或来宾之间进行上菜。服务员左手托托盘，右脚跨前踏在两椅之间，侧身用右手上菜。

图 2-68

3）中餐上菜时机和节奏

上菜时，可以先将凉菜送上席。当客人落座就餐后，餐厅服务员即可通知厨房作好出菜准备，待凉菜剩下 1/3 左右时，餐厅服务员即可送上第一道热菜。当前一道菜快吃完时，餐厅服务员就要将下一道菜送上，不能一次送得过多，以免宴席上放不下，更不能出现菜肴空缺，让客人在桌旁干坐。这样既容易使客人感到尴尬，又容易因无下酒菜而使客人喝醉。

上菜节奏应根据客人用餐情况灵活掌握。一般小桌客人的菜在 20 分钟左右上完，大桌客人的菜在 30 分钟左右上完。

4）上菜服务的操作要领

（1）整理准备

①上菜前核对台号、品名、分量，避免上错菜。

②整理台面，留出空位，严禁盘与盘之间互相叠压。

③服务员将菜肴放在托盘内端送至餐桌前。

（2）上菜到桌

①上菜要有示意，掌握好时机，不要打扰客人的就餐气氛。例如："对不起，打扰一下！"以提醒客人防止碰撞。

②在合适的上菜口站立，从翻译或者陪同之间进行，也可以在副主人的右侧进行。

③服务员左手托托盘，右脚跨前踏在两椅之间，侧身用右手上菜。要从客人空隙处平稳递上，切不可将菜盘从客人身上、头上越过。如图 2-69 所示。

④上菜时，应注意正确的端盘方法，端一个盘子时，用大拇指紧贴盘边，其余四指扣住盘子下面，拇指不应碰到盘子边的上部，更不允许留下手印或者手指进入盘中，这样既不卫生也不礼貌。如图 2-70 所示。

图 2-69

图 2-70

⑤粒浆菜肴要加汤匙，上煲窝类菜肴一般加垫碟上席，上带壳食品要跟毛巾与洗手盅。

⑥带佐料的热菜，如烤鸭、烤乳猪、清蒸蟹等菜肴要一同上桌，切忌遗漏忘记上桌，一次性上齐，并且可以略作说明。

⑦上带汤汁的菜肴应双手端送，以免洒在客人身上。

⑧上各种菜肴时，应做到端平走稳，轻拿轻放，忌"推"和"蹾"，并应注意盘底、盘边要干净。

（3）报上菜名

①每一道菜肴均应报出菜名，特色菜肴要作一个简要介绍。如图2-71所示。

②上第一道菜肴时，应向客人表示："对不起，让您久等了，请慢用！"

③每一道菜肴上完后均应礼貌向客人表示："请品尝！"如图2-72所示。

图2-71

图2-72

（4）展示菜肴

大圆桌上菜时，每一道新上菜肴应先通过转盘转至主宾面前，以示尊重。没有吃完的菜则移向副主人一边，后面的菜可遵循同样的原则。

散座中可以将主菜或高档菜放到餐桌中心位置。

（5）菜肴摆放

①菜肴要对称摆放，讲究造型艺术。

A.菜盘一般根据桌面菜肴数量摆放，做到"一中心，二平行，三品字，四四方，五梅花"，五菜以上都以汤或头菜或大拼盘为圆心摆成圆形。

B.摆放时注意荤素、颜色、口味的搭配和间隔，盘与盘之间距离相等。

②菜肴摆放尊重主宾，方便食用。

A.做到冷荤主盘正面及热菜头菜正面朝向第一主人位，砂锅、炖盆之类的汤菜通常也摆放到餐桌中间位置。

B.其他菜肴上桌时应将菜面朝向四周，使所有上桌的菜均正面朝向客人。

C.如果有的热菜使用长盘，其盘子要横向朝主人。

D.上整鸭、整鸡、整鱼时，中国传统的礼貌习惯是："鸡不献头，鸭不献掌，鱼不献脊。"即上菜时将其头部一律向右，脯（腹）部朝主人，表示对客人的尊重。

（6）结束上菜

①上最后一道菜时，要及时、礼貌地告知客人齐菜，看上的菜与所点的菜是否一致。

②提示客人是否需要加菜，提醒客人是否加主食。

③询问是否还有其他需求，如："菜已经上齐，还需要什么请随时吩咐！"如图2-73所示。

5）上菜注意事项

①上菜时，使用托盘操作，左手托盘，右手端菜盘上菜，不能用托盘的则应双手端菜盘上菜。

②上菜时，侧身站立于两椅之间，不要依靠在客人身上。

图 2-73

③上菜时，应注意盘底，盘边要干净。

④摆放菜盘时，要求端平轻放，以免汤汁滴洒在餐桌或客人身上，切忌用"推""蹾"等手法摆放菜盘。

⑤转动转盘时，要求右手轻轻转动转盘，左手置于背后，姿势规范优美。

⑥介绍菜肴时，眼睛要注视客人，并注意语言清晰、简练，不可含糊、啰唆。

6）特殊菜肴的上菜方法

图 2-74

①上拔丝菜，如拔丝鱼条、拔丝苹果、拔丝山芋、拔丝荔枝肉等，要托热水上，即用汤碗盛装热水，将装有拔丝菜的盘子搁在汤碗上，用托盘端送上席，同时上凉开水数碗。托热水上拔丝菜，可防止糖汁凝固，保持拔丝菜的风味。如图2-74所示。

②如果有的热菜配有佐料、小料等，应同热菜一起上齐。如清蒸鱼配有姜醋汁，北京烤鸭配有葱、酱、饼等，在上菜时可略作说明。

③上易变形的炸、爆、炒菜肴，一出锅须立即端上餐桌。上菜时要轻稳，以保持菜品的形状和风味。

④上有声响的菜，如锅巴类菜肴，一出锅就要以最快的速度端上台，随即把汤汁浇在锅巴上，使之发出响声。做这一系列动作要连贯，不能耽搁，否则将失去应有的效果。

⑤上原盅煮品菜，如冬瓜盅，上台后要当着客人的面启盖，以保持炖品的原味，使香气在席上散发。揭盖时，要翻转移开，以免汤水滴落在客人身上。

⑥上泥包、纸包、荷叶包的菜，如叫花鸡、荷香鸡，要先上台让客人观赏后，再拿到操作台上当着客人的面打破或启封，以保持菜的香味和特色。然后，用餐具分到

每一位客人的餐盘中。如果先行打开或打破，再拿到客人面前来，则会失去菜的特色，使这类菜不能保持其原有的温度和香味。

⑦像清汤燕菜这类名贵的汤菜，上菜时，应该将燕窝用精致的盘子装好，上桌后，由服务人员当着客人的面下入清汤中。

7）菜肴摆放技巧

图 2-75

摆菜是上菜的继续，它是将要上台的菜按一定的要求摆放好。摆菜的基本要求是：讲究造型艺术，注意礼貌，尊敬主宾，方便食用。如图 2-75 所示。

（1）看面正对主位

菜肴的所谓看面就是最宜于观赏的一面。一般菜肴，其刀工精细、色泽好看的部分为看面。服务员上菜时，主菜肴的看面应正对主人位，其他菜肴的看面要朝向四周。如整形有头的菜，冷拼中孔雀开屏、喜鹊登梅、烤乳猪等菜，其头部为看面；而头部被隐藏的菜肴，如烤鸭、八宝鸡、八宝鸭等，其饱满的身子为看面；盅类菜，其花纹刻的最精致的部分为看面；冷碟中的独碟、双拼或三拼，如有巷缝的，其巷缝为看面；一般菜肴，其刀精细、色调好看的部分为看面。

（2）讲究色彩造型

菜肴摆放时，要讲究造型艺术，应根据菜品原材料的颜色、形状、口味、荤素、盛器、造型对称摆放。其原则是讲究造型、颜色搭配。

（3）注意发生差错

一个区域中有几桌客人，上菜时必须核实菜单，以免发生差错。一旦发生差错，不仅会给餐厅带来损失，而且会影响点菜客人的上菜速度。

（4）长盘横向客人

客人所点菜中，如有的热菜使用的是长盘，应注意其盘子要横向朝着客人。

（5）注意鸡头、鸭掌、鱼脊的摆放

上鸡、鸭、鱼菜时，头不可朝向主人，而应该朝向主宾。鱼腹可向主人，鱼眼朝向主人，鱼尾应朝向第二主人与第三宾客或第四宾客。

（6）观赏菜肴造型

服务员将菜肴摆在转台边缘，然后把转台按顺时针方向旋转一圈，让每位客人观赏菜的造型，最后在主宾面前停下，再后退一步报菜名，让主宾先尝。如果没有转台，则应把菜肴放在餐桌中心稍靠主人位的一侧，把菜肴的观赏面正对主人席。

8）菜肴摆放注意事项

应方便宾客使用，突出主人和主宾，同时，要讲究造型、颜色的搭配。如图2-76所示。

图 2-76

①摆放时，不宜随意乱放，要根据菜的颜色、形状、菜种、盛具、原材料等搭配，讲究一定的艺术造型。

②中餐宴席中，一般将大菜中的头菜放摆在餐桌中间的位置，砂锅、炖盆之类的汤菜通常也摆放在餐桌中间的位置。散座中可以将主菜或高档菜放到餐桌的中心位置。

③摆菜时，要使菜与客人的距离保持适中，散座中摆菜时，应将菜摆放在高精小件餐具的位置上。

④注意菜点最适宜观赏的一面位置的摆放。要将这一面摆放在适当的位置，一般宴席中的头菜，观赏面要朝向正主人的位置，其他菜的观赏面则对向其他客人。

⑤送上宴席中的头菜或一些有风味特色的菜式，首先考虑将这些菜放到主人与主宾的前面，然后在上下一道菜时，再顺势撤摆餐桌的其他地方。

9）席间撤换餐具

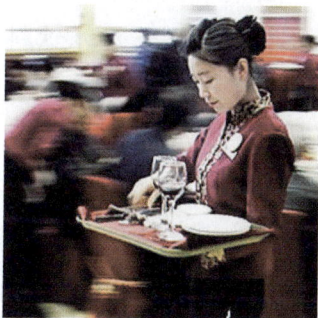

图 2-77

（1）撤换时机

①汤碗应该用一次换一次。

②上带壳、带骨的菜肴后需更换干净的餐碟。

③上带糖醋、浓汁的菜肴后需更换餐碟。

④上名贵菜肴前需更换餐碟。

⑤上口味差异较大的菜肴时需更换餐碟。

⑥上甜品、水果前需更换餐碟。如图2-77所示。

（2）撤换方法

①从主宾开始，按顺时针方向绕台进行。

②在客人右侧进行服务，左手托盘，右手先撤下用过的餐碟，然后送上干净的餐碟。

③如有个别客人没有用完，可先送上干净的餐碟，待客人用完后再撤下用过的餐碟。

10）餐后撤台

宴会的结束工作与准备工作同样重要，要按照宴会前的分工和规范进行，以提高效率，降低损耗。

①客人离席时，服务员要提醒客人带好自己的随身物品，同时，检查客人有无遗留的物品和是否有未熄灭的烟头。

②客人全部离开后，立即清理台面。

③先整理椅子，收布件类用具，如餐巾和小毛巾等。

④收各种酒杯、小件餐具和其余餐具。

⑤按规范清理餐具用品并送往后台分类摆放。

⑥贵重物品要当场清点。

2.5.3 西餐上菜要求

1）基本要求

①餐厅员工在提供西餐上菜服务中，总体顺序是先服务女主宾后服务男主宾，然后服务主人与一般来宾。

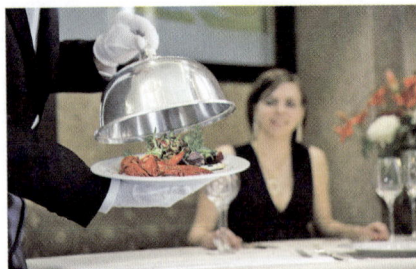

②餐厅员工应用左手托盘，右手拿叉勺为客人提供服务。服务时，员工应当站在客人的左边。

③西餐菜肴上菜遵循"左上右撤"，酒水饮料从客人的右侧上。法式宴会所需食物都是用餐车送上，由服务员上菜，除面包、黄油、色拉和其他必须放在客人左边盘子的食物外，其他食物一律从右边用右手送上。如图 2-78 所示。

图 2-78

2）西餐上菜的程序

西餐正餐的上菜顺序是开胃品、汤、色拉、主菜、甜点、饮品。

（1）开胃品

开胃品有冷、热之分，旨在开胃，增进食欲，一般数量较小，多用清淡的海鲜、蔬菜、水果制作，色彩鲜艳，装饰美观，如海鲜鸡尾酒、烟熏三文鱼。

（2）汤

西餐的汤可分为冷汤类和热汤类，也可分为清汤类和浓汤类，如西班牙冻汤、牛尾清汤、奶油汤等。

（3）色拉

色拉具有开胃、帮助消化的作用。色拉可分为水果色拉、素色拉和荤素色拉3种。

（4）主菜

主菜是西餐全套菜的灵魂，制作讲究，一般是色、香、味、形俱佳的菜肴。主菜多用海鲜、牛肉、羊肉、猪肉和家禽类做主要原料，如黑胡椒牛排、吉列大虾等。

（5）甜点

甜点有冷热之分，是最后一道餐食。

（6）咖啡或茶

咖啡或茶有档次和品牌之分，要与全套菜相匹配。

3）不同西餐服务的上菜方式

①法式上菜方式的特点是将菜肴在宾客面前的辅助服务台上进行最后的烹调服务。法式服务由两名服务人员同时服务，一名负责完成桌边的烹调制作，另一名负责为客人上菜，热菜用加温的热盘，冷菜用冷却后的冷盘。

②俄式上菜方式与法式服务相近，但所有菜肴都是在厨房完成后，用大托盘送到辅助服务台上，然后顺时针绕台将餐盘从右边摆在客人面前。上菜时，服务人员站立在客人左侧，左手托盘向客人展示菜肴，然后再用服务叉、勺配合分菜至客人面前的餐盘中，以逆时针方向进行，剩余菜肴送回厨房。

③英式上菜方式是从厨房将菜肴盛装好的大餐盘放在宴会首席的男主人面前，由主人将菜肴分入餐盘后递给站在左边的服务员，再由服务人员送给女主人、主宾和其他宾客。各种调料与配菜摆在桌上，由宾客自取并相互传递。

④美式上菜方式比较简单，菜肴在厨房里盛到盘子中。除了色拉黄油和面包，大多数菜肴盛在主菜盘中，从左边送给宾客，饮料酒水从右边送上，用过的餐具由右边撤下。

表 2-9 上菜考核评价标准

考核项目	考核评价标准	分值/分	得分/分
上菜操作顺序	根据上菜顺序和原则上菜	20	
上菜位置与姿势	上菜位置正确无误，姿势优美规范，动作轻盈，面带微笑	20	
上菜方法	展示菜肴，后退一步	10	
	报菜名，介绍特色	10	
	语言表达准确，语音、语速、语调适中，语态自然大方	10	
菜肴摆放	符合摆放的要求和注意事项	20	
后续服务	菜上齐告知客人，并询问是否还需要其他服务	10	
总　分		100	

技能训练步骤

1. 物品准备：以 10 人标准宴会台所需物品为例，直径 200 厘米的圆桌 1 张，转台 1 个，餐椅 10 把，240 厘米 ×240 厘米台布 1 块，餐碟 10 个，大小餐盘若干个，各色冷热菜肴的图片若干张（贴放于菜盘内），托盘 2 个。

2. 教师示范上菜操作技能，同时强调上菜的要领。

3. 学生以小组为单位进行模仿操作和训练。

4. 小组中 1 人进行上菜练习，1 人辅助准备物品，另外 2 人参照考评标准进行评议和纠错，以此轮流练习。

5. 教师根据学生学习训练的情况进行巡回检查指导。

6. 为提高学生学习兴趣，可以开展以小组为单位的分程序和全程的操作竞赛。

7. 学会上菜技能后，再加强上菜速度与上菜质量的训练。

想想、练练

1. 中餐上菜的程序、规则要求及练习。

2. 西餐上菜的程序、要求及练习。

3. 上菜的操作要领、注意事项及练习。

4. 摆菜的技巧、要求及练习。

主题 6 分菜训练

技能训练目标

了解中餐分菜知识，掌握各种中餐分菜的方式方法，能够掌握熟练的转台服务、叉勺分菜服务和旁桌分菜服务技能，掌握西餐分菜服务的基本知识。

理论知识点

分菜，也叫派菜，常见于西餐的分餐制服务中，中餐高级宴会服务中也在使用。分菜服务就是在客人观赏完菜点以后，由服务人员主动、均匀地为客人分配。西餐中的美式服务不要求服务员掌握分菜技术，俄式服务要求服务员有较高的分菜技术，法式服务要求服务员掌握分切技术，中餐宴会则要求服务人员有较高的分菜技能。分菜服务能够有效体现餐饮服务的品质，是服务人员必须熟练掌握的服务技巧。

2.6.1 常用分菜工具

中餐分菜的工具有分菜叉（服务叉）、分菜勺（服务勺）、公用勺、公用筷、长把勺等。如图2-79 所示。俄式服务的分菜工具有叉和勺等。法式服务的分切工具有服务车、分割切板、刀、叉、分调味汁的叉和勺等。

图 2-79

2.6.2 中餐分菜

1）分菜工具的使用方法

（1）服务叉、勺的使用方法

①右手无名指翘起，将分菜勺放在无名指下，中指和小手指上。

②分菜叉放在食指上，大拇指之下。

③5个手指一般持分菜叉把和勺把的中后端，互相配合，控制分菜叉、勺的开与

合。如图 2-80 所示。

（2）公用勺和公用筷的用法

服务员站在与主人位置呈 90°角的位置上，右手握公用筷，左手持公用勺，相互配合将菜肴分到宾客餐碟之中。如图 2-81 所示。

（3）长把汤勺的用法

分汤菜以及汤中有菜肴时，需用公用筷与汤勺配合操作。

图 2-80

图 2-81

2）分菜的方式、方法

为客人分菜是餐饮服务的重要内容，也是提高餐饮服务质量的重要途径。根据宴会的标准、规格，按照宴会上菜和分菜的规范进行菜肴服务。可用餐桌式分菜、转盘式分菜、旁桌式分菜、分菜叉勺分菜和各客式分菜，也可以将几种分菜方式结合起来使用。

（1）餐桌式分菜

即服务员在每位宾客的餐位旁将菜分到宾客各自的餐盘内的方法。

①具体步骤。

A. 展示菜肴，即将菜肴展示给客人看，让客人欣赏。服务员将菜从陪译之间的空位处放在餐台上向宾客展示，注意上菜和展示菜肴一般都选择在陪同和翻译之间进行。也有的在副主人的右侧进行，这样有利于翻译和副主人向来宾介绍菜肴的口味、名称。上菜后报出菜名，转动转台，让客人全方位欣赏菜肴。如果客人有需要，还要向客人介绍菜肴的基本情况，如原料、制作方法、特色等，然后取下菜放到托盘上分菜。

图 2-82

B. 服务员左手将菜用托盘托起，右手持分菜叉、分菜勺进行分菜。如图 2-82 所示。

C. 分菜从主宾开始，表示对客人的尊重。

D.服务员应站在宾客左侧，左腿、左脚在前，身体微向前倾，腰部稍弯，右手持叉、勺将菜肴夹到客人盘中。如图 2-83 所示。分菜时身体站稳，不能倾斜或倚靠宾客。面带微笑，加上礼貌用语"请慢用"，按顺时针方向进行，即主宾、主人，依次分下去。

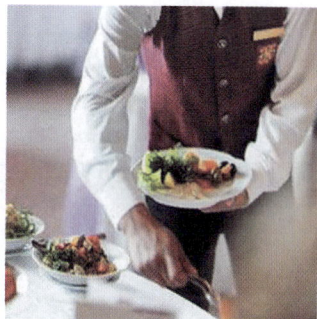

图 2-83

②餐台分菜注意事项。

A.分菜服务时，餐厅服务员站在宾客左侧，站立要稳，身体不可斜靠在宾客身上，餐厅服务员脸部略斜，与菜盘成一条直线，腰部稍向前弯。

B.分菜服务时，服务员呼吸要均匀，可以一边分一边向宾客介绍菜点的名称、特色、风味、营养、典故等方面的内容，但要注意，讲话时头部不要距离宾客太近，鼻口部位要避开菜点。

C.分菜服务时，要掌握好数量，做到分配均匀，特别是主菜相邻宾客必须分得基本一样，最先分得的和最后分得的基本一样，并注意菜肴的优质部位应分配给主宾和主人，但不要有明显差异。

D.分菜服务时要做到一勺准或一叉准，决不可将一勺叉菜同时分给两位客人，更不可当着客人的面从分得多的盘碗中勺给分得少的，这样是很不礼貌的。同时，要注意菜的色彩要搭配均匀。

E.分每道菜时，第一次分完后，盘中宜余下 1/10 的菜肴，可换放于一小盘中，以示菜肴的宽裕及方便想再添用的客人，并为第二次分让作好准备。

（2）转盘式分菜

①提前将与客人人数相等的餐碟有秩序地摆放在转台上，并将分菜用具放在相应位置。核对菜名，双手将菜奉上，示菜并报菜名。

②合理选用长柄勺、筷子或分菜叉、勺等分菜工具进行分派。全部分完后，将分菜用具放在空菜盘中，一同撤下。

图 2-84

③左手托盘，如图 2-84 所示，从主宾右侧开始，按顺时针方向绕台进行，撤下前一道菜的餐碟，再从转盘上取菜放至客人面前。

此方法也可以由两名服务人员配合进行，一名服务员负责分菜，另一名服务员负责将分好的菜肴从客人的右侧按顺序摆放在客人面前。

图 2-85

（3）旁桌式分菜

①在客人餐桌旁放置一张服务桌或一辆服务车，准备好餐碟和分菜用具。

②核对菜品，双手将菜端至转盘上，示菜并报菜名。将菜取下放在服务桌或服务车上分菜。

③菜分好后，从主宾开始，在客人的右侧将菜送上，按顺时针方向绕台进行。

④旁桌式分菜时，服务员应面向客人，以便供客人观赏。如图 2-85 所示。

（4）各客式分菜

此方法适用汤类、羹类、炖品等高档菜肴。厨房工作人员根据客人人数在厨房将菜肴分成一人一份，服务员从主宾开始，在客人的右侧按顺时针方向绕台进行。

3）分菜要求

（1）选择合适的分菜方式

中餐菜肴品种多，应根据不同的菜点选择不同的分菜方式，如一般炒菜可采用旁桌式分菜、分菜叉勺式分菜。海鲜鱼翅羹等高档菜肴，可以采取旁桌式分菜、转盘式分菜。通过服务，彰显菜肴的档次。

（2）要根据客人的需求分菜

分菜不是简单地把菜肴等分给就餐的每一位客人，而应根据客人的要求或者询问客人的需求来进行，尊重客人的选择是服务人员的首要任务。

（3）要熟练掌握分菜技能

分菜技能是服务人员必须掌握的技能之一，在实际操作时要做到：分菜时，要注意手法卫生，动作利落，分量均匀。服务员人在保证分菜质量的前提下，以最快的速度完成分菜工作。一叉一勺要干净利落，切不可在分到最后一位时，菜已冰凉。带佐料的菜，分菜时要跟上佐料，并略加说明。如图 2-86 所示。

图 2-86

4）分菜注意事项

①分菜时，要心中有数，使每位宾客都能均匀分到一份，并将菜肴中最优质的部分让给主宾。

②分让有卤汁的菜时，要带上卤汁。

③头、尾、残骨等不宜分给宾客。

④叉、勺不要在盘上刮出声响。

⑤不能把菜汁、汤滴到桌上或客人身上。

⑥分菜时，动作要协调，速度要快。

⑦采取转台分菜法分菜时，分完一位客人后，应绕过客人身体，再为下一位客人分菜。

⑧分送菜肴时，不可从客人的肩上、头上越过。

⑨讲究操作卫生，手指不能碰到菜肴，操作用具也要卫生。

5）几种特殊菜肴的分让

（1）汤类菜肴的分让方法

先将容器内的汤分进客人的碗内，再将汤中的原料均匀地分入客人的汤碗中。

（2）造型菜肴的分让方法

将造型的菜肴均匀地分给每位客人。如果造型较大，可先分一半，处理完上半部分造型物后再分剩余的一半。也可将能食用的造型物均匀地分给客人，不可食用的，分完菜后撤下。

（3）卷食菜肴的分让方法

一般情况是由客人自己取拿卷食，在老人或儿童多的情况下也需要分菜服务。其方法是：服务人员将餐碟摆放于菜肴的周围，放好铺卷的外层，然后逐一将被卷物放于铺卷的外层上，最后逐一卷好送到每位客人面前。

（4）丝类菜肴的分让方法

由一位服务人员取菜分菜，应配好冷开水，先将客人餐碟排放在转盘上，用筷子夹取菜肴在冷水中浸一下放入客人的餐碟中，由另一位服务人员递给客人。要求动作迅速、利落、敏捷。

6）分鱼

（1）客前展示

分鱼操作前，应先备好餐碟、刀、叉、勺，并将要拆分的整形鱼向客人展示。

①端托式展示。餐厅服务员用托盘将放有鱼的盘子托至客人面前，向客人介绍菜肴，在介绍的过程中向客人进行菜肴的展示。

②餐桌展示。将烹制好的鱼放在餐台上，然后由餐厅服务员向客人介绍菜肴。在介绍的过程中，客人观察了鱼的形状，待餐厅服务员向客人展示完毕，方可进行分鱼服务。

（2）分鱼的方法

①餐台分法。餐厅服务员向客人展示完后，将鱼转至餐厅服务员处，使鱼呈头朝右、尾朝左、鱼腹朝向桌边的状态。当着客人的面，将鱼进行拆分。

②旁桌分法。餐厅服务员向客人展示完鱼后，将鱼拿到备餐台或配餐室进行拆分。

（3）分整条鱼的步骤

①展示菜肴。

②用餐叉协助将鱼身按住，用餐刀将鱼头切下，再将鱼鳍、鱼尾切下。

③将叉、勺插到鱼身下面，将鱼挪到宾客用餐盘上，一人一条，一定要带骨挪动，否则鱼容易散开。

（4）分块鱼的步骤

①展示菜肴。

②按不同的分鱼方法直接在菜盘中分。如图2-87所示。

图2-87

③用餐叉轻轻按住鱼尾，用餐刀在鱼的背脊处或鱼身的中心线处由头至尾切开一条缝隙。

④切断鱼头、鱼尾。

⑤从切开的缝隙中插进餐刀，沿着鱼骨滑动，使鱼肉离骨。

⑥将鱼肉向左右两边扒开，露出鱼骨。注意保持鱼肉的完整。

⑦用餐刀、餐叉将鱼骨挑起剔出。

⑧调整鱼的形状，恢复原形，使鱼肉保持完整。

⑨将去骨的鱼送到客人面前。

⑩若是大鱼，将去骨的鱼蘸上鱼汁，然后再均匀地切成若干小块，分到客人盘中，再送到客人面前。

2.6.3　西餐分菜

1）分菜工具的使用及分菜方法

（1）俄式分菜用具的使用方法

一般是勺在下，叉在上。右手的中指、无名指和小指夹勺、叉，五指并拢，完美配合。这是俄式服务最基本的技巧。

（2）法式切分工具的使用方法

①分让主料。将要切分的菜肴取放到分割切板上，再把净切板放在餐车上。分切时，

左手拿叉压住菜肴的一侧，右手用刀分切。如图 2-88 所示。

②分让配料、配汁。用叉勺分让，勺心向上，叉的底部向勺心，即叉勺扣放。

图 2-88

2）西餐分菜要求

西餐中的美式服务不要求服务员掌握分菜技术，俄式服务要求服务员有较高的分菜技术，法式服务要求服务员掌握分切技术。俄式服务的分菜工具有叉和勺等。法式服务的分切工具有服务车、分割切板、刀、叉、分调味汁的叉和勺等。

①向客人展示菜点，介绍名称和特色后，方可分让。大型宴会，每一桌服务人员的分派方法应一致。

图 2-89

②分菜时，留意菜的质量和菜内有无异物，及时将不合标准的菜送回厨房更换。客人表示不要的菜不必分派。此外，应将有骨头的菜肴，如鱼、鸡等的大骨头剔除。

③分菜时要细心，掌握好菜的份数与总量，做到分派均匀。

④凡配有佐料、配菜的菜，在分派时，要先将佐料、配菜分到餐碟里。如图 2-89 所示。

3）西餐分菜注意事项

①在分菜时，要注意观察桌面，及时撤换餐具和酒具。

②要注意突出菜肴吸引人之处。

③在收餐具时，一定要轻拿轻放，避免操作声过大，影响客人用餐。

④注意先女后男，先宾后主。

表 2-10 分菜考核评价标准

考核项目	考核评价标准	分值/分	得分/分
仪容仪表仪态	着装得体，清洁卫生，姿态端庄，面带微笑	20	
分派方法	操作方法正确，分派顺序无误，站位准确，操作熟练，动作轻盈	30	
分菜效果	分菜数量均匀，份数符合要求，菜式摆放规范，菜盘中有剩余，符合标准	30	
操作卫生	手不接触菜品和餐具入口处，符合卫生要求	20	
总　　分		100	

技能训练步骤

1. 物品准备：以 10 人标准宴会台所需物品为例，直径 200 厘米的圆桌 1 张，转台 1 个，餐椅 10 把，240 厘米 ×240 厘米台布 1 块，餐碟 10 个，12 寸菜盘 1 个，餐勺、餐叉、餐刀各 1 把，汤勺 1 把，筷子 1 双，菜丝（代替炒菜类菜肴）若干，托盘 2 个。

2. 教师示范分菜工具的使用和分菜操作技能，并讲解要领。

3. 学生以小组为单位进行模仿操作和训练。

（1）分菜工具的使用训练：要求动作正确，操作熟练。

（2）分菜方法的训练：3 种分菜方法都要掌握，并要求姿势优美，动作熟练，操作规范，动作迅速，干净利落。

（3）分菜数量的训练：做到心中有数，分派均匀，一勺准，一叉准，进行略有剩余（1/10）的训练和全部分完的训练。

（4）分菜时间的训练：一道菜的分菜时间一般在 3 分钟左右。

（5）礼貌服务用语：要求运用恰当自然。

4. 小组中 2 人同时进行练习，1 人辅助准备物品，另外的组员参照考评标准进行评议和纠错，以此轮流练习。

5. 教师根据学生学习训练的情况进行巡回检查指导。

6. 为提高学生的学习兴趣，可以开展以小组为单位的分程序和全程的操作竞赛。

7. 学生熟练掌握一种分菜方法后，再学习训练其他方法，循序渐进。

想想、练练

1. 中餐常用的分菜工具有哪些？如何使用？

2. 中餐分菜方法及练习。

3. 分菜的要求、注意事项及练习。

附　录

文明用语从我说起

附录1　餐厅常用礼貌用语和服务用语

一、礼貌用语

（一）称谓

1. Mr.××/Sir

××先生/先生

2. Mrs.××

××夫人

3. Madam

夫人/太太

4. Madam/Lady

女士

5.Miss

小姐

（二）问候

1. Hello!

您好!

2. Good morning/afternoon/evening!

早上好/下午好/晚上好!

（三）欢迎

1. Welcome to our restaurant.

欢迎您来我们这里用餐。

2. We hope you enjoy your stay here.

希望您用餐愉快。

（四）祝贺

1. Happy birthday!

生日快乐!

2. Happy new year!

新年快乐！

3. Congratulations!

祝贺、恭喜！

（五）道歉

1. Sorry./ I'm sorry.

对不起 / 失礼了。

2. I'm sorry to trouble you./Sorry to trouble you.

给您添麻烦了。

3. Sorry to disturb you.

打扰您了。

（六）应答

1. It doesn't matter. /That's all right.

没关系。

2. You are welcome. /It's my pleasure. /Don't mention it.

不必客气。

3. I see.

我明白了。

4. All right.

好的。

5. Thank you very much. /Thank you so much./Thanks a lot.

非常感谢 / 十分感谢。

二、服务用语

（一）预订

1. Good morning/afternoon/evening! This is × × restaurant. May I help you? /What can I do for you?

早上好 / 下午好 / 晚上好！某某餐厅，我能为您做些什么？

2. How many guests are coming?

请问一共有多少人用餐？

3. How many people are there in your party, sir/madam?

请问有多少人用餐，先生 / 女士？

4. What time would you like to arrive?

请问你们几点到？

5. May I have your name, please?

请问您的名字是？

6. Could you spell your name for me, please?

请您拼读一下您的姓名好吗？

7. May I take your telephone number, please?

可以留下您的电话号码吗？

8. Is there anything special you would like us to prepare, sir/madam?

请问您有什么特殊需求需要我们准备的，先生 / 女士？

（二）迎宾

1. Good morning/afternoon/evening. Welcome to our restaurant.

早上（中午、晚上）好，欢迎光临。

2. May I help you, sir/madam?

我能为您做什么，先生 / 女士？

3. Do you have a reservation, sir/madam?

请问您有预订吗，先生 / 女士？

4. Table for how many persons do you need, sir/madam?

先生 / 女士，请问您需要几人桌？

5. Hou many persons are there in your party, sir/madam?

请问一共有多少人用餐，先生 / 女士？

6. Please follow me, sir/madam.

请跟我来，先生 / 女士。

7. This way please, sir/madam.

请这边走，先生 / 女士。

8. Have your seat please, sir/madam.

请这边坐，先生 / 女士。

9. Please mind your step, sir/madam.

请留意脚下，先生 / 女士。

10. Are you satisfied with this seat, sir/madam?

请问您对这张座位满意吗，先生 / 女士？

11. How about a seat near the window over there, sir/madam?

先生 / 女士，您看靠窗的那个座位怎样？

（三）点菜

1. Here is the menu for you, sir/madam.

这是您的菜单，先生/女士。

2. May I take your order now? Sir/Madam.

请问可以为您点菜了吗，先生/女士？

3. What would you like to have? / What would you like to order?

请问您想吃些什么？

4. Would you like some more?

请问您还需要点别的吗？

5. Here is the menu, sir/madam.Please make your choices.

先生/女士，这是菜单。请您挑选。

6. Yes，sir/madam.We do have a selection of vegetable dishes.

是的，先生/女士。我们有很好的蔬菜精选。

7. Would you like to taste our specialty? Sir/Madam.

先生/女士，请您尝尝我们的特色菜/风味菜好吗？

8. I'm terribly sorry, sir/madam.We don't have any now.

十分抱歉，先生/女士。这道菜已经卖完了。

9. May I recommend the Fried Shrimps with Longjing Tea?

我们可以向您推荐龙井虾仁吗？

10. The Sweet and Sour Pork particularly good tonight.Would you like to try?

咕咾肉是今晚的特别推荐。您需要尝尝吗？

（四）席间服务

1. What can I do for you?

我能为您做些什么？

2. Have your tea please, sir/madam.This is ××tea.

先生/女士，请用茶，这是××茶。

3. Have your wine please, sir/madam.

先生/女士，请您用酒。

4. Would you care for another drink?

请问您还需要一杯饮料吗？

5. Is everything to your satisfaction?

请问您对一切还满意吗？

6. May I take your dish now? Sir/Madam.

现在上菜好吗？先生/女士。

7. This is ××, enjoy your meal, sir/madam.

先生 / 女士，这是 × × 菜，请您品尝。

8. Here is your dishes, enjoy them please.

您的菜上齐了，请慢用。

9. Is everything all right with your meal?

请问您对用餐还满意吗？

10. Is there anything that I can do for you?

我还能为您做些什么呢？

11. Do you mind if I take glasses away?

如果您不介意，我可以撤下杯子吗？

12. May I clean your table now?

请问我能清理餐桌吗？

13. Would you like me to clear your table?

请问需要我帮您收拾一下餐桌吗？

14. Is there anything else?

您还有别的事吗？

（五）结账

1. Would you like to have the bill now? /May I settle your bill for you?

请问您是现在结账吗？

2. Would you like to pay cash or by credit card?

请问您是付现金还是刷信用卡？

3. This is × × yuan altogether.Thank you!

总共 × × 元。谢谢！

4. I'm sorry.I shall add it up again, sir/madam.

对不起，我再算一遍，先生 / 女士。

5. I'sorry.Would you show me what is wrong?

对不起，您能告我哪儿错了吗？

6. Excuse me, sir/madam.May I have your room number and room card?

对不起，先生 / 女士，您能告诉我您的房号并出示您的房卡吗？

7. Excuse me, sir/madam.Would you sign here please? /Would you please sign your name here?

对不起，先生 / 女士，请您在这儿签个字好吗？

8. Please give us some comment to our service and dishes, sir/madam.

先生 / 女士，请您对我们的服务和菜肴多提宝贵意见。

（六）送客

1. Thank you, sir/madam.We hope to see you again.

谢谢您，先生 / 女士，希望再次为您服务。

2. Glad you enjoyed your meal.Good-bye.

很高心您用餐愉快，再见。

3. I hope to see you again, Mr. × ×, mind your steps please.

× × 先生，希望再次为您服务，请慢走。

4. We hope to serve you again, sir/madam. Good night!

希望再次为您服务，先生 / 女士。晚安！

附录2 餐厅常见问题的处理方法

1. 在服务时，服务员的心情不佳怎么办？

每个人都会遇到不开心的事情，而且都会产生心理反应，不同的是每个人所需调整的时间不同，所以，要想处理好此类事情，就必须学会如何调节自己以及培养自己的心理承受力。在不开心、不愉快时，通过与好朋友或其他人沟通，来调节自我。始终保持一种乐观的心态，用客观的眼光看待问题，通过工作来实现自我价值，时刻用一种专业的眼光要求自己。向客人展示自己真诚的微笑，以及耐心、标准、高效、周到的服务，从获得客人的好评换来对自己的认可。

2. 接到客人预订电话怎么办？

礼貌地向客人问好，详细了解客人的基本情况和要求。接到预订后，要重复客人电话的主要内容，并向客人表示欢迎和感谢。同时，按规范和标准认真做好电话记录，在安排好后通知客人予以确认。

3. 不同客人订了同一宴会厅（包间）怎么办？

根据先来后到的原则，按预订时间，先订先安排。按订单的联系电话，迅速与后预订的客人联系，向对方讲明原因，诚恳地向客人道歉，以得到客人谅解，并向客人介绍另一间布局相似的宴会厅（包间），征得客人同意并确定下来。

4. 预订标准低的客人要求在包房用餐时怎么办？

在接收客人预订时，要介绍餐厅或宴会厅的基本条件，如包房就餐设有最低消费额。如果客人在了解的基础上，仍旧提出在包房就餐，预订员要整体考虑，委婉解释，赢得客人谅解，把客人安排在餐厅比较幽静且相对干扰小的位置。如客人要求强烈并且包房不太紧张时，可尽量满足客人的要求。

5. 看到客人进餐厅怎么办？

当客人第一次进入一个餐厅时，往往会抱着一种好奇的心理，所以会对第一个接触或感受到的东西印象最深。这就要求我们在客人进入餐厅时，热情微笑迎接客人，敬语当先。然后询问客人是否有预订以及用餐人数，带客人到相应的餐位，拉椅让座。如无预订，则应询问客人就餐人数，根据就餐人数，为客人安排相应的位置，然后再领位并作好相关记录。

6. 餐厅已客满，还有客人来用餐怎么办？

餐厅客源流动量大，往往会出现客人等位的现象。在这种情况下，首先向客人礼貌、耐心地解释，安排其在休息室就座，迎客员要作好候餐客人的登记，如姓名、人数等，并及时提供茶水服务。在了解餐厅用餐情况后，告知客人大概的等待时间，待席上有座位时，再按先后顺序，热情引领客人入席，拉椅让座，与前台服务员打招呼，示意提供服务。

7. 餐厅即将收市或已收市，但有客人需要用餐怎么办？

此时不可将客人拒之门外，应热情地接待客人，向客人介绍一些制作简易、速度快的菜式，由专人服务，使客人能在较短的时间内享受美味的餐食。切忌在客人未离开餐厅时关灯。如果已经收市，则应礼貌地告知客人已经收市，并向其介绍一下酒店其他餐厅的经营风格，向其推介并在客人认可后带其到该餐厅，顺便祝客人用餐愉快。如果客人不愿意在酒店用餐，则可以向其推介附近一些有特色的餐厅，并在客人离开时祝其用餐愉快。

8. 遇到衣冠不整、不礼貌的客人用餐厅怎么办？

作为一位服务员，在服务中绝不能以貌取人，要对所有的客人提供良好的服务并注重文明礼貌。首先，以友好的态度向客人表示后，以委婉的语言劝导和提醒客人，如果是住店客人，可委婉地提出请客人回房更衣。如果是店外客人，可征得客人的意见，为客人准备员工制服。尽可能使客人遵守餐厅的规则，切忌与客人争论，绝不能以生硬的态度对待客人、指责客人。

9. 遇到带小孩的客人来餐厅用餐时怎么办？

遇到有小孩的客人用餐时，要马上为小孩取一张干净的儿童座椅。同时，要注意收放好餐桌上的餐具和热水等，以防不测。在为其服务时，要提供适合儿童特点、口味的菜肴和饮料。要随时撤下儿童面前的脏盘，及时撤下不用的餐具。另外，在可能的情况下，为孩子准备一些小玩具，搞一些小的娱乐项目，以满足孩子的新奇感，使孩子能快乐地进餐，但要注意所提供的玩具一定是干净和安全的。

10. 客人订了宴会，过了时间还未到怎么办？

一般情况下，宴会的客人特别是主方的客人都是提前到达，他们要查看宴会各方面的准备情况。但如果客人过了时间还没到，服务员应按照以下方法操作：

（1）服务员应马上与预订部门联系，根据客人的姓名或电话，设法与客人联系。

（2）如果联系不上，或者联系上客人因故取消，应马上向经理汇报，及时解决，并把冷菜和酒水退回。

（3）客人应按有关规定付赔偿费。

11. 客人点了无货供应、过了季节或是刚卖完的菜式怎么办？

遇到此类事情，应先向客人致歉，委婉告知客人此菜式已经过季或是刚售完，并向客人推介相同口味或相近口味的菜式。在客人同意后，应向其表示谢意。

12. 客人由于对菜式不熟悉，点了相同口味或相同制作方法的菜式怎么办？

首先，应婉转告知客人所点的菜式是相同的或是口味相近的。然后，征求客人意见，如需改变，则可向客人推介其他菜式。例如，客人点了一个"香菠咕噜肉"，又点了一个"糖醋鱼块"，且客人喜欢吃鱼，则可向客人推介鱼的其他做法，如红烧、清蒸、干煸等。

13. 如果客人点了本店没做过的菜怎么办？

服务员首先要做的是向厨师长了解厨房是否能够制作此菜。如果厨师长的答复是肯定的，服务员还要问清楚该菜的价格，然后立即回复客人并向客人说清楚，尽量按客人要求去做，但口味可能和别的地方不完全一样。在征得客人意见后，方可下单。遇到客人点的菜厨房不能做，如果是厨房暂时没有原料或制作时间较长等原因，应向客人解释清楚，请客人下次预订，同时请客人谅解。

14. 宾客因一道菜慕名而来，可是这道菜售完了，宾客要离开怎么办？

我们应该向宾客解释：非常感谢您选择来我们饭店用餐。可是这道菜已售完，非常抱歉。但是我们饭店类似的菜还有很多，需不需要为您推荐几样呢？如果客人不愿意，执意要走，我们也应尊重客人的选择，向客人表示歉意，并欢迎下次再来。

15. 客人要求服务员介绍菜式时怎么办？

了解客人的需求，主动、热情、耐心且有针对性地向客人推荐餐厅的特色菜肴、主力菜肴、招牌菜肴，要注意对菜肴的口味、色泽、原料等作适当的描述。同时，为客人提供菜式搭配、酒水搭配的建议。注意在介绍菜肴时，音量大小要适中，不要打扰其他客人，菜肴描述要真实、准确，并说明价格。

16. 客人点菜时犹豫不决怎么办？

客人点菜时犹豫不决，可能是因为不熟悉菜式或众口难调不知道吃什么好。首先要了解客人的心理要求，服务员应运用推销技巧，针对客人的要求，重点向客人介绍菜式的风味特色，从而激起客人的食欲，热情地帮助客人点菜。

17. 客人问的菜式服务员不懂怎么办？

服务员切忌不懂装懂，但也不可以马上回答不知道、不清楚。服务员应诚恳地向客人道歉，告知客人需要请教同事或厨师，请客人稍等，回来后及时为客人作解答，直到客人满意为止。

18. 为老人和小孩点菜时应注意哪些问题？

因为老年人和小孩对食物的消化能力比较弱，所以应介绍一些清淡、易消化、易食用的菜式，不要介绍那些刺激性强、味道重、带刺多的食物给老人或小孩。上菜要快速及时，特别是对小孩服务时，要将菜肴放在大人一侧，并加以提醒，以防触碰。

19. 服务员为客人点菜时未听清，上错了菜怎么办？

一旦出现这种情况，服务员应向客人道歉，表明自己的态度，然后用试探的口吻向客人推销此菜。如果客人要了，则表示感谢。如客人不愿意要，也不可以勉强客人，应撤下此菜，同时，让客人点出客人要的菜肴，并马上通知厨房快速做好客人要的菜肴。预防此情况发生的做法是：客人点完菜后，服务员向客人重述一遍，就可以避免这样的错误了。

20. 客人来用餐，又急于赶时间怎么办？

将客人安排在靠近餐厅门口的位置，以方便客人用餐后离开。介绍一些制作简单的菜式，并在订单上注明情况，要求厨房、传菜配合，请厨师先做。在各项服务上都应快捷，尽量满足客人的要求，及时为客人添加饮料，撤换盘碟。预先备好账单，缩短客人结账时间。如果有客人未用完的菜肴，应征得客人同意主动为其打包带走。

21. 客人点了菜，又因急事不要怎么办？

立即检查该菜单是否已送到厨房，如果该菜尚未开始做，则马上取消。如果已做好，则应迅速用食物盒打包给客人，或者征求客人的意见后将食物保留，待客人办完事再吃，但要注意先请客人结账。

22. 传菜员将菜传到餐台边时服务员该怎么办？

传菜员把菜传到餐台边时，服务员应了解菜的款式及服务方式（如分鱼分汤），在餐台上寻找或整理出空位置。上菜时，要用双手端菜盘，放到位后报菜名并请客人慢用。上菜时，不可从客人的头上越过，应向客人示意后再从客人旁边的空隙处上菜。

23. 上菜时，台面已摆满菜肴怎么办？

在客人同意的前提下，将那些已经快吃完的菜肴换成小盘。建议客人先吃热菜，并把菜分到客人的碟中，撤下空盘。把要上的菜按客人人数平均分到餐盘里，然后送到客人的餐位上，通知厨房该桌的菜可出得慢一些。

24. 为客人上汤时怎么办？

上汤时，一般都应为客人分汤。分汤要根据客人的人数，选择适用的汤碗，然后把汤均匀地分到汤碗里，并端到客人的餐位上。上汤时，应示意客人，避免把汤溅到客人身上。

25. 客人自带食品要求加工怎么办？

客人自带食品到餐厅要求加工处理，遇到这种情况一般应婉言拒绝，告知客人餐厅有严格的规定不允许代加工。如果客人一再坚持，应及时向餐厅经理汇报，酌情处理。如果得到领导的同意，可以破例加工，但应适当收取加工费。

26.客人在用餐过程中遇到邻桌的朋友，想挪到一起交谈时怎么办？

遇到这种情况，应尽量方便客人，及时询问客人是否想移到同一张餐桌。客人同意后，要及时转告传菜部或传菜员客人更换餐台的情况，以免传错菜。重新给客人摆台，调整好桌面的菜肴，让客人愉快地用餐。

27.客人投诉候餐时间过长怎么办？

一般情况下，在客人点单后10分钟上第一道菜，30分钟内所有菜式应上齐。所以，在客人点单后，应留意上菜情况，一旦发现菜上得慢，应及时告知领班，或通知厨房提前制作此台的菜式，尽量缩短客人的等候时间。同时，向客人表示歉意，请客人谅解。如果可以，在客人进餐完毕时送上果盘，感谢客人的谅解。

28.客人认为所点的菜与实际的不同怎么办？

细心聆听客人的想法，明确客人所要的是什么样的菜，如果是因为服务员为客人点菜时理解错误或未听清造成的，应马上重新做一道客人满意的菜，并向客人道歉。如果是因为客人没讲清楚或对菜的理解错误造成的，服务员应该耐心地向客人解释该菜的制作方法和菜名的来源，取得客人的理解，由餐厅经理出面，以给客人一定折扣的形式，消除客人的不快。

29.客人要求服务员敬酒或合影怎么办？

客人在用餐时提出让服务员敬酒，这时服务员应巧妙地回答：对不起（××先生/小姐）酒店有规定，上班时间不能喝酒，不过我很感谢您的美意，请您原谅。这样回答让客人感觉不是他面子不够而是工作职责的问题。客人提出与服务员合影是对我们服务质量的肯定，可在不影响服务工作的前提下，大方地接受，并可多请一位同事陪照。

30.客人在进餐过程中要求退菜怎么办？

客人要求退菜大致有几种情况：一是说菜肴质量有问题。如食品变质、菜有异味、欠火候等。经厨师长或餐厅经理检查确认，如确实如此，即属于餐厅自身的问题，服务员应无条件地退菜，并诚恳地向客人表示歉意。二是说没时间等了。这时服务员应马上与厨房联系，如可能就先做，否则也应退菜。三是客人订餐人数多，实到人数少，可经过协商酌情退菜。四是送上客人自己点的菜时，客人又要求退。这种情况如确实不属于质量问题，不应同意退菜。如实在无人要，只好耐心地讲清道理，劝客人不要退，吃不了可以帮客人打包带走。

31.客人在用餐过程中要求换菜，服务员应怎样处理？

在客人进餐过程中，无论是自点还是服务员安排的菜，客人要求换菜时，服务员应先去厨房向厨师长反映，听从厨师长的决定。一般情况下，如果客人要换掉的菜还没有烹制，即可改换。但如果菜已上火制作，就不好再改了。服务员在得到答案后，应立即返回餐厅告诉客人，一定要客气地向客人解释清楚，而且菜应在短时间内送上餐台。

32. 客人反映酒水是假的应如何处理？

答：告诉客人我们的酒水是从供应商直接进货，不会有假。我们的待客宗旨是顾客第一，不会拿酒店声誉开玩笑的。从如客人需要，可通知供货商对酒水进行检查。××先生/小姐，谢谢您对酒店提出意见。我们酒店的酒水、饮料都是从厂家经销商直接进货，从未发现过假货，但我们还是愿听您的意见，以维护店誉，明天会拿去检验，结果将会第一时间告诉您。

33. 餐厅服务员由于工作不慎将汤、菜汁洒在客人身上，应如何处理？

首先，向客人表示歉意，立即拿一块半湿的毛巾为客人擦拭。擦拭时应注意，如果是女客人，应让女餐厅服务员为其擦拭。如果将客人衣服弄脏的面积较大，应请客人到无人的包间，将脏衣服换下，立刻送洗，将店内准备的干净衣服暂请客人穿上，继续用餐。送洗的衣服最好能够在客人用餐完毕时拿回，送还客人衣服时，服务员还应带着经理的道歉信函，以求得客人谅解。

34. 客人用餐时突然被食物噎住，服务员应怎样处理？

客人在用餐时，由于高兴、讲话、吃得过快等原因，可能发生被食物噎住的情况。一般的反应是脸色铁青，停止讲话，用手指捏咽喉。餐厅服务员在服务中如遇到这种情况，应立刻上前帮助客人。要富有同情心，绝不可以讥笑或袖手旁观。如果食物哽噎较轻，可立即送一杯水请客人喝下。如果食物哽噎较重，餐厅服务员站在客人后面，双臂把住客人腰部，用拳头拇指背面靠在客人肚脐上方一点，另一只手握拳，迅速向上挤压，震动客人的肚子，反复几次，即可排除食物，然后送一杯水供客人喝下。

35. 客人在进餐过程中突发急病，应怎样处理？

客人在用餐过程中，因为兴奋、激动、饮酒过多等方面的原因，突发急病时，餐厅服务员不要惊慌，应该根据客人的具体症状，给予适当的护理。同时，要立即打电话，请求急救中心的协助。电话号码每个餐厅服务员都应该知道，以防万一。在急救车到之前，有条件的应将病人与其他用餐客人分离开，将有病的客人转移到安静、干扰较小的房间内。但要注意，如果是心脏病、脑出血之类的病症，千万不要移动病人，否则只会更糟。对发病客人所用的菜肴食品，要留样保存，以备检查。

36. 当生病客人来餐厅用餐时，该怎么办？

如果客人告知服务员他生病了或服务员观察到客人病了，服务员要主动询问客人哪里不舒服，尽量为客人提供可口满意的食物。根据客人的需要，为客人准备白开水以备其吃药。切记不可给客人提供任何药品，避免意外情况的发生。

37. 在服务过程中，两位或两位以上的客人同时需要服务怎么办？

要做到既热情周到，又忙而不乱，做到"一招呼，二示意，三服务"，给那些等待的客人热情愉快的微笑。在经过客人的餐台或包房门口时说一声"我马上就来为您服务"或"对不起，请您稍等"等语言，绝不可不予应答或不予理睬，让客人觉得被冷落和怠慢。值得注意的是，不要让客人等待时间太长，并且在为等候的客人服务时，应感谢客人的等候。

38. 客人正在谈话，有事要问客人怎么办？

客人正在谈话，有事要问客人时，绝不能直接或随意打断客人的谈话，服务员应先礼貌地站在一旁等待客人谈话的间隙。在与客人交流时，首先要表示歉意，然后再叙述事情，最后还要向客人表示谢意。

39. 客人在餐厅醉酒，服务员应怎样处理？

客人醉酒后的表现各有不同，服务员应以照顾客人的身体健康为原则对客人提供帮助。与此同时，应避免由于他们的失态影响餐厅的正常营业。如果客人醉酒较重，餐厅服务员应将客人请到一个比较安静的、相对能够隔离的空间里，先请客人醒醒酒，同时为客人送上热茶和小毛巾。如客人发生吐酒时，餐厅服务员应立即将污物清扫干净。另外，要注意客人处在不清醒的状态下，在态度和语言上千万不应过多地计较，要防止客人过激的举动，保证我们个人的人身安全，最好同时请保安人员到场。如果客人醉酒不严重，餐厅服务员应运用服务技巧，使其停止饮酒，请客人用饮料代替酒，用低度酒代替高度酒。一定要注意服务用语，绝不能有不尊重客人的言行。也有的客人醉酒后，借机打架，打砸餐厅家具、餐具，应立即与保安部门联系，请求协助，尽快平息事态。要记下被损餐具、家具的数量，查清金额，事后要求肇事者照价赔偿，绝不姑息迁就。

40. 客人在进餐过程中损坏餐具，应怎样处理？

客人损坏餐具大致有两种情况，一种是无意的，一种是有意的，所以应该先弄清楚属于哪一种情况。对于无意损坏餐具的客人，首先餐厅服务员应该耐心和气地给予安慰，询问客人是否受伤，并立即将损坏的餐具撤离餐桌，为客人送上新的餐具，然后客气地向用餐客人讲清有关赔偿的规定，争取客人的合作，在餐后结账时一并付款。对有意损坏餐具的客人，应在指出其错误的同时，要求其照价赔偿。与这样的客人打交道，必须十分注意我们的态度和做法，必要时应请保安人员到场，以保证餐厅正常营业。

41. 客人在进餐过程中不慎碰翻酒杯应怎样处理?

客人用餐时,由于不慎将酒杯碰翻,酒水流淌时,服务员应礼貌、客气地安慰客人,及时用干餐巾将台布上的酒水吸去,然后用干净的干餐巾铺垫在湿处。同时查看酒具有无破损,若已损坏,立即撤走,用托盘换上新酒具;若无破损,则将酒具扶起、摆好,重新斟好酒水。

42. 客人把洗手茶当茶水喝了怎么办?

服务员在上洗手茶时应向客人说明,以免误会。若客人在不知道的情况下喝了,服务员不要马上上前告诉客人,以免让客人难堪,应及时撤下洗手盅。为防止此类事情再次发生,在上洗手盅时最好为客人先上一杯茶,然后再给客人上一份洗手茶。

43. 客人进餐时餐厅突然停电应怎样处理?

餐厅服务员自己首先要镇静,不要慌。要安慰客人不要惊慌,最好不要来回走动,以免绊倒。对要离去的客人,提醒他们拿好自己的物品,同时提醒所有的客人看管好自己的物品,以保证安全。如果是经常发生的情况,服务员要向客人解释。如果是偶尔发生的情况,服务员应该向客人表示歉意,说明可能是某个地方出了毛病。与此同时,服务员应立即开启应急灯。如果没有这种设备,服务员应立即取来蜡烛或其他照明用具,为客人照明。一般情况下,在停电期间,已经在餐厅的客人就要继续为其服务。但服务员要注意观察,特别留意用餐完毕没有结账的客人,防止跑单。在餐厅门口,要有迎宾员对新来的客人说明情况,请客人到别的餐厅用餐。

44. 开餐时有小孩在餐厅乱跑怎么办?

开餐时,厨房送出来的菜和汤都有较高的温度,容易烫伤人。为了安全,遇到小孩到处乱跑,应马上制止,带小孩回到大人身边,提醒大人要照顾好小孩。如果有可能,给小孩准备一些小玩具,稳定其情绪。

45. 遇到客人在餐厅跌倒怎么办?

如果客人在餐厅跌倒,服务员应立即上前扶起客人,视情况询问客人是否需要叫医生。如果无大碍,把客人扶到座位上休息,观察客人的状态,同时注意餐厅地面的卫生状况,看看是否有杂物和积水,及时清理或设防滑指示牌。如果客人伤势严重,应及时通知领班或主管,请求急救中心的协助。

46. 用餐时客人间发生争吵或打架怎么办?

如果服务员事先发现苗头,要尽量隔离客人,分别为客人提供服务,分散客人注意力。如果客人已经发生争吵,要立即上前制止,隔离客人。把桌上的餐具、酒具移开,以防争吵双方用其伤人。同时,报告上司、保安部和大堂经理。

47. 餐厅即将收档,但还有客人在用餐怎么办?

这时,要更加注意对客人的服务,在整理餐具时,要轻拿轻放,不可发出响声。

到了临收档时，应询问客人是否还需要点菜。不可用关灯、吸尘、收拾餐具等形式来催促客人，应留下专人为客人服务。

48.客人擅自拿取餐厅的器皿、餐具，经指出又不承认时怎么办？

在一些高档餐厅，餐具、用具的新颖别致、实用美观成为吸引客人前来就餐的因素之一。如展示银盘、各式银器、水晶酒杯、仿古酒具等，这些餐具的价位一般很高，有一定的欣赏和保存价值，往往有一些客人出于喜欢或好奇而擅自拿取。发现这种情况时，服务员应马上向餐厅主管或领班报告，由领班或主管有礼貌地耐心解释，向客人说明该物品是餐厅用品，保管好餐厅物品是服务员的职责，设法让客人自觉交还，或介绍他们到商店购买。但要注意，绝不能以挖苦讽刺的语言对待客人，如果有些客人经解释后还不承认，应请示有关领导解决或按规定价格酌情收费。

49.客人想购买餐厅的用具时怎么办？

有些外宾非常喜欢中国的瓷器或具有中国民族特色的仿古餐具，在餐厅用餐时，遇到自己喜欢的用具后很想留作纪念。如果饭店商场有这项服务，可以向客人出售，或介绍客人到附近的工艺品商店去购买。如果饭店没有这项业务，客人又非常喜欢，则应请示经理，按规定价格将库房中备用的餐具出售给客人。

50.客人询问餐厅业务范围以外的事情时怎么办？

作为一个合格的服务员，除了有熟练的技能外，还应有丰富的业务知识和社会知识。如果客人询问餐厅业务范围以外的事情时，应尽量解答。遇到自己不清楚或没有把握的事情时，要想尽办法寻找答案，尽可能满足客人的要求，尽量避免使用"可能""我想"或"不知道"等用语。

51.客人用餐后要求服务人员代其保管酒瓶时怎么办？

客人没喝完的酒，餐厅应根据酒的种类和客人的具体情况酌情处理。一般葡萄酒类，开瓶后不宜保存时间过长，假如客人用餐时没有喝完，要求代为保管，餐厅服务员可为其服务，代为保管。当客人再次用餐时，马上取出，请客人饮完。为客人保管的酒瓶，要挂上有客人姓名的牌子，放在专用的冰箱里，冰箱应有锁，由专人负责。如果是高度烈性酒，放在酒柜里即可，但也要上锁，并由专人负责。从安全角度讲，一定要对客人负责，保证不出任何问题。办理寄管手续时，应向客人声明最长的寄放期限，一般不宜长时间保管。

52.客人吃剩的食品留下来并要求服务员代为保管怎么办？

服务员应礼貌地向客人说明食品容易变质，不宜长时间保存，最好能尽快处理掉，建议并协助客人打包将食物带走。如果客人的确不方便带走，一定要问清客人食物最终的保留时间，并将酒店对超时保管食物的处理方式明确地告知客人，同时做好登记并请客人签字确认。

53. 客人仍在用餐，服务员需要为下一餐作准备怎么办？

由于客人用餐时间较长，下一餐时间临近，客人还在用餐，而服务员需要布置下一餐工作时，可先准备好接待服务所需的餐用具。在准备时，注意动作要轻，尽可能不发出任何声响，不要影响客人用餐，以免使客人产生误会，以为服务员在暗示客人用餐时间已结束。最好在客人用餐结束后再布置。如果快到下一餐时间客人还没有离开的意思，可以委婉地提示客人。如果餐厅有空闲的餐位，在征求客人的同意后进行调换。

54. 客人用餐接近尾声时怎么办？

首先，应检查餐台上的菜肴是否已经上齐，发现还有没上的菜肴及时与厨房沟通，以免在客人提出结账要求时产生麻烦。要特别注意的是，是否提供了甜点和水果等。检查点菜单是否填写齐全完整，如果有失误马上处理。做好结账的一切工作，以便客人在结账时及时提供服务。

55. 发现未付账的客人离开餐厅应怎样处理？

服务员遇到这种情况要沉着，不要惊慌。其方法是：立即拿好账单追上前去，当走到客人面前时，应该有礼貌地小声把情况说明："先生，对不起，由于刚才工作较忙，没有及时把账单送给您，这是您的账单。"请客人补付餐费。如果客人是请朋友吃饭后离去，服务员应请付款的客人到一边然后将情况讲明，以照顾客人的面子。服务员不得质问客人，不要高声与客人讨论此事，更不能得理不饶人。

56. 餐后结账，客人反映账单价格不对时，服务员应怎样处理？

餐厅服务员要做的第一件事就是要有耐心，千万不要让客人有认为你做了手脚的想法，应先向客人道歉，马上把账单拿回账台重新核对，然后将账单重新送给客人。此时应耐心地和客人共同核对客人点的菜肴、主食、饮料等，待客人认可后再收款，绝不能有任何不耐烦的态度和不礼貌的语言。收款后，按要求向客人表示感谢。如果在结账收款这个环节上出现了失误，应立即改正，并诚恳地请求客人原谅。如果是客人算得不对，我们应巧妙地掩饰过去，以免使客人难堪。

57. 拾到物品应如何处理？

拾到物品时，如果客人还未离开，应立即送还客人。如果客人已经离去，应交由上级主管处理，并做好餐厅内部记录。然后交由前厅大堂副理处。如果是常客，则查看是否有联系电话。如有，应告知客人有遗失物品，并约定好时间来取。

58. 客人用完餐离开台位，再返回说有物品遗失怎么办？

答：客人起身离席时，应大声提醒客人带好随身物品。遇到客人返回时，值台人员应及时帮客人寻找，不可推脱。如确实没有发现客人遗留物品，应询问客人（××先生／小姐）您先别着急，您再仔细想想是否与您一起用餐的客人帮您带走了，或是遗留在车上了？如果事情严重，应及时通知上级主管，切不可把客人晾在一边。主动帮助客人解决问题，急客人所急，想客人所想。

59.遇到客人回餐厅寻找遗失物品时怎么办？

问清客人坐过的餐台号、遗失物品的特征，尽量帮客人寻找。与大堂经理联系，看是否已交到失物招领处。如果一时找不到，应请客人留下姓名、房号或联系电话，以便以后发现再与客人联系。

参考文献

［1］沈建龙.餐饮服务与管理实务 [M].3 版.北京：中国人民大学出版社，2012.

［2］人力资源和社会保障部教材办公室.餐厅服务员（中级）——国家职业技能鉴定
考试指导 [M].2 版.北京：中国劳动社会保障出版社，2014.

［3］中国就业培训技术指导中心.餐厅服务员（初级）[M].2 版.北京：中国劳动社会
保障出版社，2010.

［4］宋春亭，李俊.中西餐饮服务实训教程 [M].北京：机械工业出版社，2008.

［5］樊平，李琦.餐饮服务与管理 [M].北京：高等教育出版社，2015.

［6］叶伯平.宴会设计与管理 [M].5 版.北京：清华大学出版社，2018.

［7］饶雪梅.餐饮服务实训教程 [M].北京：科学出版社，2008.

［8］毛慎琦.餐饮服务技能实训 [M].2 版.北京：机械工业出版社，2013.

［9］田芙蓉.酒水服务与酒吧管理 [M].昆明：云南大学出版社，2007.

［10］黄才华.礼仪 [M].北京：人民教育出版社，2010.

［11］张怀玉，蒋建基.烹饪营养与卫生 [M].北京：高等教育出版社，2012.

［12］迪德·保罗.餐馆服务实用英语 [M].广州：广州出版社，2004.